Francés

OH-LA-LA

para viajar

60 situaciones *para hacerse entender*
2.100 *palabras esenciales*

ANAYA
TOURING

FRANCÉS PARA VIAJAR

Textos:
Anaya Touring

Traducción y supervisión lingüística:
Alejandro Prieto.

Responsable editorial: **David Lozano.**
Editora de textos: **Lola García.**
Técnico editorial: **Lola García.**
Producción: **Juan José Rodríguez, Olga Hernando** y **Antonio Mellado.**

Ilustraciones: **Rubenimichi.**
Diseño de la colección: **marivíes.**

11ª Edición: 2024

© Grupo Anaya, S. A., 2024
   Valentín Beato, 21.
   28027 Madrid

Depósito legal: M-35.212-2023
I.S.B.N.: 978-84-9158-761-3
Impreso en España - Printed in Spain

PAPEL DE FIBRA
CERTIFICADO

www.guiasdeviajeanaya.es

La página web de Anaya Touring ofrece un completo catálogo de publicaciones de la editorial e información de interés para viajeros. Asimismo se recogerán todas las sugerencias y opiniones que los usuarios quieran hacernos llegar.

■ Estructura y contenidos

Los contenidos de este cuaderno se articulan según las situaciones típicas de los viajes (medios de transporte, alojamientos, restaurantes, compras, etc.) y son de fácil y rápida localización, gracias al empleo de **páginas de distintos colores** y a la existencia de un **Índice general** por apartados.

Cada apartado comienza con una **Introducción**, que informa de las costumbres, el funcionamiento de los servicios, las peculiaridades de los diferentes tipos de establecimientos, etc., a la que siguen un **Vocabulario básico,** una serie de recuadros con los **Rótulos más frecuentes** y una selección de **Frases útiles.** En estas se mezclan tanto expresiones que el viajero escuchará de boca de los nativos como aquellas que podrá utilizar de forma activa en sus interacciones con ellos. El apartado final está formado por un **Diccionario de viaje** que recoge unos dos mil vocablos de uso habitual en los viajes.

■ Tipografía utilizada

Cada una de las palabras y frases contenidas en este libro aparece siempre en tres formas distintas; español, francés y la transcripción fonética del texto francés, que, para mayor claridad, tienen una presentación tipográfica distinta:

Término o frase en castellano, en negrita y color.
Término o frase en francés, en tipografía normal.
Transcripción fonética en cursiva y gris.

También se respeta este orden, excepto en los casos en que la consulta tenga su origen en un texto francés, como por ejemplo para leer la carta de un restaurante, en cuyo caso aparece en primer lugar el término francés que es el que se quiere consultar.

■ Transcripción fonética

Aparece siempre en cursiva y no necesita un aprendizaje previo **ya que basta con leer los textos como si estuvieran escritos en castellano,** teniendo en cuenta que los signos (ë) y (ü) representan sonidos que no existen en español: (ë) es un sonido intermedio entre (e) y (u), y (ü) es un sonido entre (u) y la (i) españolas.

La pronunciación se aproximará a la correcta en la medida en que se imite la entonación. Conviene tener presente que para hacerse entender en un idioma la música es tan importante como la letra. Lo mejor es leer antes la frase para pronunciarla de un tirón imitando en la medida de lo posible la entonación local.

■ Las notas

Al final del cuaderno se han incluido unas páginas en blanco reservadas para notas, en donde el viajero podrá incorporar otros términos, expresiones y dudas que surjan a lo largo del viaje.

lo + básico

Cuando se entra en contacto con un extraño cuyo
nombre se desconoce, la primera palabra a pronunciar
es *excusez-moi* (perdón, disculpe) y a continuación
monsieur (señor), *madame* (señora) o *mademoiselle*
(señorita), según el caso. Y, si se desea algún servicio
de esa persona, hay que añadir enseguida *s'il vous plaît,*
aunque no es necesario incluirlo si se emplean una de
las dos formas anteriores.
Son las tres expresiones fundamentales para abordar a
un extraño del que se desea ayuda o atención. De no
hacerlo así, se habrá cometido una incorrección casi
imperdonable.
Si se conoce el nombre o apellido de una persona,
hay que llamarla siempre Monsieur o Madame X. Solo
cuando la relación sea más estrecha se hará uso de su
nombre de pila. El tuteo no se emplea en Francia tanto
como en España. Para ello hace falta una mayor relación
familiar, laboral o simplemente amistosa.
Por este motivo, aunque las expresiones en español de
la presente guía estén formuladas utilizando el tuteo, hemos optado por dar preferencia a la traducción francesa
de las mismas con la forma usted *(vous),* más apropiada
en situaciones de contacto ocasional, como las propias
de un viaje.
Por último, no hay que olvidar el uso obligatorio de la
palabra *merci,* por ejemplo cada vez que alguien nos
entrega algo o nos deja pasar. Para poner fin a una
breve situación de contacto social (en una tienda, en una
oficina de correos...), los franceses emplean la fórmula
bonne journée (buen día), o *bonne soirée* (buena tarde)
si esta tiene lugar al final del día.

◼ Datos personales

¿De dónde eres?
D'où êtes-vous ?
du et vu?

Soy español.
Je suis espagnol.
dchë süi-s-espanól

¿Cómo te llamas?
Comment vous
appelez-vous ?
komán vu-s-apëlé vu?

Me llamo Juan Gómez.
Je m'appelle Juan Gómez.
dchë mapél juan gómez

¿Cuál es tu dirección?
Quelle est votre adresse ?
kel e votr'adrés?

Resido habitualmente
en Sevilla.
En général j'habite à Seville.
an dcheneral dch'abit a sevill'

¿Estás casado?
Êtes-vous marié ?
et vu marié?

Sí, estoy casado.
Oui, je suis marié.
ui dchë süi marié

No, estoy soltero.
Non, je suis célibataire.
No, dchë süi celibater.

¿Dónde vives?
Où habitez-vous ?
u abité vu?

Vivo en Barcelona.
J'habite à Barcelonne.
dchabít a barselón

Mi dirección en España es…
Mon adresse en Espagne est…
mon adrés an espán e…

¿Cuál es tu número
de teléfono?
Quel est votre numéro de
téléphone ?
kel e votr'nümeró dë telefón?

Mi número de teléfono es…
Mon numéro de téléphone est le…
mon nümeró dë telefón e lë…

❯ Vocabulario

nacionalidad	nationalité	*nasionalité*
nombre	prénom	*prenón*
apellido	nom (de famille)	*nom (de famill)*
DNI	carte d'identité	*kart didantité*
pasaporte	passeport	*paspór*
edad	âge	*adch*
mayor/menor de edad	majeur/ mineur	*madchër/ minër*
fecha de nacimiento	date de naissance	*dat dë nesáns*
estado civil	état civil	*etá sivíl*
soltero/ casado	célibataire/ marié	*selibetér/ marié*
viudo/ divorciado	veuf/ divorcé	*vëf/ divorsé*
lugar de nacimiento	lieu de naissance	*lië dë nesáns*
residencia	résidence	*residáns*
dirección	adresse	*adrés*
profesión	profession	*profesiöón*

■ Presentaciones y saludos

La palabra **enchanté** (encantado) se usa, igual que en castellano, en las presentaciones, cuando se conoce a alguien. También se usa cuando se ha entablado conversación con una persona desconocida, en el momento de la despedida. Cuando se encuentra a alguien conocido, lo normal es preguntarle: **comment ça va ?**, o **ça va ?** (¿cómo está Ud.?). Probablemente su respuesta, en términos coloquiales, sea: **oui et vous ?**, o **très bien et vous ?** Y así, tras este saludo, se inicia el diálogo.

¿Cómo estás?
Comment allez-vous ?
komán-t-alé vu?

Bien gracias. ¿Y tú?
Bien, merci. Et vous ?
bien, mersí. E vu?

Quiero presentarte a un amigo.
Je veux vous présenter un ami.
dchë vë vu presanté ën amí

Este es el Sr. Tourneur.
Voici monsieur Tourneur.
vualá mësië turnër

Mucho gusto.
Enchanté.
anchanté

¿Llevas mucho tiempo aquí?
Ça fait longtemps que vous êtes ici ?
Sa fé lontán que vu-s-ets-isí?

Acabo de llegar.
Je viens d'arriver.
dche vián darrivé

Vine hace dos días.
Je suis arrivé il y a deux jours.
dchë süí arrivé il i a dë dchur

Hasta mañana.
À demain.
a dëmén

¿Es tu primera visita a París?
C'est votre première visite à Paris ?
se votr'prëmiér visit a paguí?

No, estuvimos aquí el año pasado.
Non, nous sommes venus l'an dernier.
non, nu som venü lan dernié

Me alegra mucho verte.
Je suis content de vous voir.
dchë süí contán de vu vuár

¿Has tenido buen viaje?
Vous avez fait bon voyage ?
vu-s-avé fe bon vuayádch'?

¿Qué tal tu familia?
Comment va votre famille ?
komán va votr' famíy?

Lo siento, tengo que irme.
Je regrette, je dois partir.
dchë rëgrét, dchë duá partír

Ha sido muy agradable.
Ça a été très agréable.
sa a eté tre-s-agreábl'

Saluda de mi parte a…
Mes salutations à…
me salütasion a…

Que tengáis un buen viaje.
Je vous souhaite un bon voyage.
dchë vu suét ën bon vuayádch'

¡Hasta pronto! Buena suerte.
À bientôt! Bonne chance.
a bientó! bon chans'

Eres muy amable.
Vous êtes très aimable.
vu-s-et tre-s-emábl'

Te llamaré mañana.
Je t'appèlerai demain.
dchë tapelré dëmén

> **Edad y parentesco**

¿Cuántos años tienes?
Quel âge avez-vous?
kel adch avé vu?

Tengo 39 años.
J'ai trente neuf ans.
dche trantnëf an

¿Cuántos años tiene ella?
Quel âge a-t-elle ?
kel adch a-t-elle?

Ella tiene 28 años.
Elle a vingt huit ans.
el a ventuit an

Nací el día 5 de julio de 1969.
Je suis né(e) le cinq juillet dix-neuf cent soixante neuf.
dche süí ne lë senk yüyé disnëf san suasant nëf

Soy mayor de edad.
Je suis majeur.
dchë süí madchér

Soy menor de edad.
Je suis mineur.
dchë süí minér

Prohibida la entrada a menores de 18 años.
Entrée interdite aux moins de dix-huit ans.
antré enterdít o muén dë disüít an

> **Vocabulario**

abuela	grand-mère	*gran-mér*
abuelo	grand-père	*gran-pér*
abuelos	grands-parents	*gran-parán*
cuñada	belle-soeur	*bel-sër*
cuñado	beau-frère	*bo-frér*
esposa	épouse	*epús*
esposo/ marido	époux/ mari	*epú/ maguí*
esposos	époux	*epú*
familia	famille	*famíy*
hermana	soeur	*sër*
hermano	frère	*frer*
hija	fille	*fíy*
hijo	fils	*fis*
hijos	enfants	*anfan*
madre	mère	*mer*
nieta	petite-fille	*pëtít-fíy*
nieto	petit-fils	*pëtít-fis*
nietos	petits-enfants	*pëtí-s-anfán*

novia	fiancée	*fiansé*
novio	fiancé	*fiansé*
padre	père	*per*
padres	parents	*parán*
prima	cousine	*kusín*
primo	cousin	*kusén*
sobrina	nièce	*niés*
sobrino	neveu	*nëvë*
tía	tante	*tant'*
tío	oncle	*onkl'*

> Problemas con el dioma

¿Habla Ud. español/inglés ?
Parlez-vous espagnol/anglais ?
parlé vu español/anglé?

Lo siento, no lo hablo.
Je regrette, je ne le parle pas.
dchë rëgrét, dchë ne le parl pá

Hablo un poco.
Je parle un peu.
dchë parl ën pë

¿Me comprendes?
Vous me comprenez ?
vu më konpr'né?

No comprendo.
Je ne comprends pas.
dchë në konprán pa

Por favor, hable más despacio.
S'il vous plaît, parlez plus
lentement.
sil vu ple, parlé plü lant'mán

¿Dónde?
Où ?
u?

¿Cuándo?
Quand ?
kan?

¿Cómo?
Comment ?
komán?

¿Cuánto o cuántos?
Combien ?
konbian?

¿Quién?
Qui ?
ki?

¿Cuál?
Lequel ?
lëkél?

¿Por qué?
Pourquoi ?
purkuá?

¿Puedes repetir?
Pouvez-vous répéter ?
puvé vu repeté?

Por favor, escríbelo.
S'il vous plaît, écrivez-le.
sil vu ple, ekrivélé

Señala la frase en el libro.
Montrez la phrase dans le livre.
montré la fras dan lë livr'

¿Puedes hablar más alto?
Pouvez-vous parler plus fort ?
puvé vu parlé plü for?

¿Qué quieres decir?
Que voulez-vous dire ?
ke vulé vu dir?

No entiendo nada.
Je ne comprends rien.
dchë në konprán rién

¿Hay alguien que hable español?
Il y a quelqu'un qui parle espagnol ?
Il i a kelkén ki parl español?

¿Cómo se pronuncia esta palabra?
Comment prononce-t-on ce mot ?
komán pronóns-t-on se mot?

Por favor, ¿puedes traducir eso?
S'il vous plaît, pourriez-vous le
traduire ?
sil vu ple purié vu lë tradüír?

> **Deseos
> y dificultades**

Quisiera
una cerveza.
Je voudrais une bière.
dchë vudré -s-ün biér

¿Puede Ud. ayudarme?
Pouvez-vous m'aider ?
puvé vu medé?

■ **Expresiones cotidianas**

El francés, sobre todo el parisino, es persona muy acostumbrada a encontrarse con dificultades de idioma en un interlocutor. Francia es un país muy cosmopolita y cualquier francés se ha visto en esta situación más de una vez. Por este motivo, los franceses manejan de una manera especial esas dificultades y en cualquier situación tienen una fórmula preparada para hacerse entender y, al mismo tiempo, comprender al extranjero que les aborde. El francés, que es un buen conversador, tiene, tal vez por instinto, un alto sentido del diálogo. Es persona curiosa también y hará todo tipo de preguntas sobre los particulares de la persona que acaba de conocer. Siempre de una manera elegante y con su innato culto a la politesse, querrá saber de todo y querrá informar de todo lo que considera interesante de sí mismo. Dará su opinión sobre el tiempo, la actualidad política, los atascos de tráfico, el arte o sobre acontecimientos históricos. El francés siempre opina y, en su conversación, se podrá notar que lo hace seguro pero de una manera siempre respetuosa.

¿Podría Ud. decirme…?
Pourriez-vous me dire ?
purié vu më dir?

¿Qué es esto?
Qu'est-ce que c'est ?
kes-kë sé?

¿Qué desea?
Que désirez-vous ?
kë desiré vu?

¿Puedo…?
Est-ce que je peux… ?
es-kë dchë pë?

No puedo.
Je ne peux pas.
dchë ne pë pa

Necesito…
J'ai besoin de…
dchë bësuén de…

Me gustaría…
J'aimerais…
dchemëré…

¿Necesita ayuda?
Avez-vous besoin d'aide ?
avé vu bësuán déd?

¿Puede darme…?
Pouvez-vous me donner… ?
puvé vu më doné…?

Busco a…
Je cherche…
dchë cherch'…

He perdido mi pasaporte.
J'ai perdu mon passeport.
dche perdü mon pas'pór

Es urgente.
C'est urgent.
se-t-ürdchán

¿Qué ocurre?
Que se passe-t-il ?
ke se pas-t-il?

Tengo hambre.
J'ai faim.
dche fem

Tengo sed.
J'ai soif.
dche suaf

Estoy cansado.
Je suis fatigué
dchë sui fatigué

Estoy aburrido/contento.
Je m'ennuie/
Je suis content.
*dche menuí/
dche suí kontán*

› Expresiones de uso más frecuente

Sí	Oui	*uí*
No	Non	*no*
Gracias	Merci	*mersí*
De nada	Il n'y a pas de quoi	*il ni a pa dë kuá*
Perdone	Pardon	*pardón*
Por favor	S'il vous plaît	*sil vu ple*
Buenos días	Bonjour	*bondchúr*
Buenas tardes	Bonsoir	*bonsuár*
Buenas noches	Bonsoir/ Bonne nuit	*bonsuár/ bon nüi*
Hola	Salut	*salü*
Adiós	Au revoir	*o revuár*
Hasta luego	À bientôt	*a bientó*
Hasta ahora	À tout à l'heure	*a tut-a lër*
Hasta mañana	À demain	*adëmén*
Muchas gracias	Merci beacoup	*mersí bocú*
¿Me permite?	Vous permettez ?	*Vu permeté?*
Disculpe	Excusez-moi	*eksküsé muá*
Lo siento	Je suis désolé	*dchë suí desolé*
No importa	Ça ne fait rien	*sa në fe rién*

De acuerdo	D'accord	*dakór*
No estoy de acuerdo	Je ne suis pas d'accord	*dchë në süí pa dakór*
¡Qué pena!	Quel dommage !	*Kel domadch!*
¡Qué alegría!	Quelle joie !	*kel dchuá!*
Todo	Tout	*tu*
Nada	Rien	*rién*
¿Cómo estás?	Comment allez-vous ?	*komán-t-alé vu?*
Bien, gracias. ¿Y tú?	Bien, merci. Et vous ?	*bién, mersí. e vu?*
Tengo prisa	Je suis pressé	*dchë süi presé*
Espérame/ Esperadme	Attends-moi/ attendez-moi	*atán-muá/ atandé-muá*
Vamos	Allons-y	*alón-si*

■ Direcciones y orientación

Para orientarse en cada ciudad, lo mejor es acudir a las Offices du Tourisme (oficinas de Turismo) donde se facillitan planos y mapas, además de guías del ocio, en las que se pueden encontrar actividades interesantes. Lo mejor es ir siempre provisto de un buen mapa o plano de la ciudad en la que se esté.
Si lo que se pretende es obtener información para orientarse en el medio rural, conviene acercarse a los diferentes Comités Departamentales de Turismo, donde se pueden conseguir rutas completísimas para los amantes del senderismo o cualquier otro deporte.
Sin olvidar Internet, una mina de información inagotable. Por citar solo un ejemplo, la web france.fr ofrece innumerables ideas y planes para descrubrir el país.

¿Dónde está la catedral?
Où est la cathédrale ?
u e la catedrál?

¿Cómo se va a Lyon?
Comment va-t-on à Lyon ?
komán va-t-on a lión?

¿Voy bien para Burdeos?
C'est bien par ici pour Bordeaux ?
sé bien par isí pur bordó?

Siga todo derecho.
Continuez tout droit.
Continüé tu druá

Por favor, señálelo en el mapa.
S'il vous plaît, montrez-le sur la carte.
sil vu ple, montré-lë sür la kart'

Cruce la calle.
Traversez la rue.
traversé la rü

Gire a la izquierda
en la primera calle.
Prenez la première à gauche.
prëné la premiér a gosh

¿Dónde está la farmacia más
cercana?
Où est la pharmacie la plus
proche ?
(u e la farmaci la plu prosh?

Al llegar a una plaza, pregunte.
Quand vous arriverez à une
place, demandez.
kan vu-s-arivëré a ün plas, dëmandé

¿Cuánto tiempo se tarda en llegar?
Combien de temps met-on pour
y arriver ?
konbian dë tan me-t-on pur i arrivé?

¿Está cerca?
C'est près d'ici ?
se pres disí?

¿Está lejos?
C'est loin d'ici ?
se luán disí?

No está lejos de aquí.
Ce n'est pas loin d'ici.
së ne pa luán disí.

> Vocabulario

abajo	en bas	*an ba*
arriba	en haut	*an o*
debajo de	sous	*su*
delante de	devant	*dëván*
detrás de	derrière	*deriér*
dentro	dans	*dán*
encima de	sur	*sür*
fuera	dehors	*dëór*
junto a	à côté de	*a koté dë*
a la derecha	à droite	*a druát*
a la izquierda	à gauche	*a gosh*
al norte/ sur/ este/ al oeste	au nord/ au sud/ à l'est/ à l'ouest	*o nord/ o süd/ a lest/ a luest*

■ Aduanas y fronteras

Los ciudadanos de la Unión Europea solo precisan el DNI o el
pasaporte en vigor. En el caso de menores que viajen solos,
deben disponer de una autorización paterna de salida del
territorio. Si se viaja en automóvil es necesario disponer del
permiso de conducir y el permiso de circulación del vehículo.
La carta verde facilita los trámites en caso de accidente.

> Expresiones de uso más frecuente

aduana	douane	*duán*
caducado	périmé	*perimé*
carné de conducir	permis de conduire	*permí dë kondüír*
carné de identidad	carte d'identité	*kart didantité*
certificado de seguro/ de vacunación	certificat d'assurance/ de vaccination	*sertifiká dasüráns/ dë vasinasión*
control de pasaportes	contrôle de passeports	*kontról dë paspórt*
documentación	papiers	*papié*
impreso	imprimé	*enprimé*
libre de impuestos	exonéré d'impôts	*eksoneré denpó*
nacionalidad	nationalité	*nasionalité*
nada que declarar	rien à déclarer	*rién a deklaré*
pasaporte	passeport	*paspór*
profesión	profession	*profesión*
renovar	renouveler	*renüv'lé*
válido	valable	*valábl'*
visado de entrada/ de salida	visa d'entrée/ de sortie	*visá dantré/ dë sortí*

Por favor, su pasaporte.
S'il vous plaît, votre passeport.
sil vu ple, votr'paspór

Por favor, la documentación del coche.
S'il vous plaît, les papiers de la voiture.
sil vu ple, le papié de la vuatür

Aquí tiene.
Voilà.
vualá

¿Tiene Ud. más equipaje?
Avez-vous d'autres bagages ?
avé vu dotr'bagádch?

¿Puedo cerrar mis maletas?
Je peux fermer mes valises ?
dchë pë fermé me valís?

¿Tiene algo que declarar?
Avez-vous quelque chose à déclarer ?
avé vu kelk chos a deklaré?

No, llevo cosas de uso personal.
Non, je n'ai que des affaires personnelles.
non, dchë në kë de-s-afér personél?

Sí, quiero declarar esto.
Oui, je veux déclarer ça.
uí, dchë vë deklaré sa

¿Cuál es el motivo de su viaje?
Quel est le motif de votre voyage ?
kel e lë motíf dë votr'vuayádch?

Venimos de vacaciones.
Nous sommes en vacances.
nu som-s-an vakáns

15

Vengo a visitar a unos amigos.
Je viens voir des amis.
dchë vián vuar de-s-amí

Estoy aquí en viaje de negocios/
de estudios.
Je suis ici en voyage d'affaires/
d'études.
*dchë sui-s-isí an vuayádch'dafér/
detüd*

¿Cuánto tiempo piensa
quedarse?
Combien de temps pensez-vous
rester ?
konbién dë tan pansé vu resté?

Estaré quince días.
Je resterai quinze jours.
dchë restërë kens dchur

¿Pueden darme aquí
el visado?
On peut me donner ici le visa ?
on pë më doné isí lë visá?

No, eso no es mío.
Non, ceci n'est pas à moi.
non, sësi ne pa-s-a muá

Abra su maleta/ bolsa.
Ouvrez votre valise/ sac.
uvré votr' valís/ sak

¿Cuánto tengo que pagar?
Combien est-ce que je dois
payer ?
konbién es-kë dchè duá peyé?

No, no es nuevo.
Non, ce n'est pas récent.
non, së ne pa resán

■ Correos, fax e internet

Además de las oficinas de correos (Bureau de Poste-PTT)
se pueden comprar sellos en algunos de los establecie-
mientos donde se vende tabaco. Generalmente son una
sección de algunos bares y se distinguen fácilmente por su
rótulo rojo que dice **Tabac**. Si se viaja por el país durante un
largo periodo de tiempo, sin fechas fijas en cada ciudad, es
aconsejable el uso del servicio de *Poste Restante* o Lista de
Correos.

¿Dónde hay una oficina de
correos?
Où est-ce qu'il y a un bureau de
poste ?
u es kil i a ën büró de post?

Quisiera enviar/recoger un
paquete.
Je voudrais envoyer/chercher
un colis
*Jë vudré anvuaié/shershé
an coli*

Por favor, ¿puede enviar
esto?
S'il vous plaît, pouvez-vous
envoyer cela ?
Sil vu plé puvé vu anvuaié sëlá?

Quiero enviar esto por correo
urgente.
Je veux envoyer cela par la poste
en exprès.
*dchë vë anvuayé sëlá par la post
an ekxprés*

Quisiera unos sellos,
por favor.
Je voudrais des timbres.
dchë vudré de tenbr'

¿Dónde hay un buzón?
Où est-ce qu'il y a une boîte aux
lettres ?
u es kil i a ün buát o letr'?

Correo ordinario

buzón	boîte aux lettres	*buát o letr'*
carta	lettre	*letr'*
carta certificada	lettre recommandée	*letr'rëkomandé*
carta urgente	lettre en exprès	*letr'aneksprés*
correo aéreo/	courrier aérien/	*kurié aerién/*
ordinario/urgente	ordinaire/ urgent	*ordinér/ ürdchán*
destinatario	destinataire	*destinatér*
dirección	adresse	*adrés*
envío	envoi	*anvuá*
enviar	envoyer	*anvuayé*
franquear	affranchir	*afranchír*
giro postal	mandat postal	*mandá postal*
oficina de correos	bureau de poste	*büró dë post*
paquete	colis postal/ paquet	*kolí postál/ paké*
remitente	expéditeur	*ekspeditër*
sello	timbre (–poste)	*tenbr'(–post)*
sobre	enveloppe	*anv'lóp*
ventanilla	guichet	*guiché*

Comunicaciones

¿Puede escanear este
documento, por favor?
Pouvez-vous scanner ce
document, s'il vous plaît ?
*Puvé vu scané cë docüman,
s'il vu plé?*

¿Puedo imprimir?
Est-ce que je peux imprimer ?
Es que dchë pë amprimer?

¿Cuál es el código del Wi-fi?
Quel é le code Wi-fi ?
Kel é lë cod gui-fi?

¿Hay Internet?
Il y a Internet ?
il y á Internet?

No funciona el ordenador
L'ordinateur ne fonctionne pas
Lordinatër në fonsión pa

¿Cómo puedo introducir este
símbolo?
Comment est-ce que je peux
mettre ce symbole ?
*comán es que dchë pë metre se
samból?*

¿Puedo consultar mi correo
electrónico desde aquí?
Est-ce que je peux consulter mon
e-mail d'ici ?
*Es quë dchë pë consülté mon
imel disí?*

¿Cómo puedo conectarme?
Comment je peux me connecter ?
común dchë pë më conecté?

¿Cuál es su dirección de e-mail?
Quelle est votre adresse e-mail ?
kel e votr adres i-mel?

Mi dirección de e-mail es…
Mon adresse e-mail est …
mon adrés i-mel e…

No funciona Internet.
Internet ne marche pas.
internet në march pá

No tengo conexión a Internet.
Je n'ai pas de connexion à Internet
Dchë né pa dë conexión a enterné

¿Tienes un adaptador para el enchufe?
Avez-vous un adaptateur de prise ?
avé vu an adaptater dë pris?

› Internet

abrir (un archivo)	ouvrir (un fichier)	*uvrir (an fichié)*
acabar	finir	*finir*
almacenar	stoker	*estoké*
apagar	éteindre	*etendr*
ayuda	aide	*ed*
bloqueado	bloqué	*bloké*
borrar	effacer	*efasé*
cerrar	fermer	*fermé*
contraseña	mot de passe	*mó de pas*
correo electrónico	courrier électronique	*curié electroník*
descargar	télédecharger	*telecharyé*
encender	allumer	*alümé*
enviar	envoyer	*anvuayé*
imprimir	imprimer	*amprimé*
inicio	accueil	*akëy*
nombre de usuario	nom d'utilisateur	*nom dutilisatër*
usuario	utilisateur	*utilisatër*
registrado	enregistré	*anreyistré*
ordenador	ordinateur	*ordinatër*
ordenador portátil	ordinateur portable	*ordinatër portábl*
ratón	souris	*suri*
reiniciar	redémarrer	*redemaré*
teclado	clavier	*clavié*
zona Wi-fi	zone wi-fi	*son wi-fi*
@	arrobase	*agobás*
.doc	point doc	*puán doc*
- (guión normal)	trait d'union	*tré dünión*
_ (guión bajo)	tiret bas	*tiré bas*

■ Teléfonos y móviles

Antes de emprender su viaje a Francia, solicite información a su compañía de telefonía móvil sobre posibles sobrecostes en llamadas y SMS enviados desde el extranjero. En cualquier caso, sepa que dichos sobrecostes no deberían ser aplicables entre países de la UE. Para llamar por teléfono a España, hay que marcar 00, el prefijo para España (34) y el número del abonado. Para llamar desde España, hay que marcar 00 33 y el número del abonado suprimiendo el 0 inicial.

Dígame.
Allô.
aló

Oiga. Soy Alfonso González.
Allô! Ici Alfonso González.
aló isí alfonso gonzalez

Quisiera hablar con André Monot.
Je voudrais parler à André Monot.
dchë vudré parlé a andré monot

Espere un momento, por favor.
Un instant, s'il vous plaît.
ën enstán, sil vu plé

No está en este momento.
Il n'est pas là en ce moment.
il ne pa la an së momán

¿Quiere dejar algún recado?
Désirez -vous laisser un message ?
desiré vu lesé ën mesádch?

Dígale que ha llamado Alfonso González.
Dites-lui que Alfonso Gómez lui a téléphoné.
dit lüi ke alfonso gómez la telefoné

Llamaré más tarde.
Je rappellerai plus tard.
dchë rapel'ré plü tar

¿Dónde está el teléfono?
Où est le téléphone ?
u e le telefón?

¿Puedo hacer una llamada internacional desde aquí?
Est-ce que je peux passer un appel international ?
es kë dchë pë pasé ën apél enternasionál?

Por favor, ¿la guía de teléfonos?
S'il vous plaît, l'annuaire téléphonique ?
sil vu ple, lanüër telefoník?

¿Cuál es el prefijo?
Quel est l'indicatif ?
kel e landikatíf?

No se retire, por favor.
Ne quittez pas, s'il vous plaît.
në kité pa, sil vu ple

❯ Vocabulario

auricular	écouteur	*ekutër*
batería	batterie	*bateguí*
cargador	chargeur	*charyër*

cobertura	réseau	*reso*
colgar	raccrocher	*rakroché*
comunicar	communiquer	*komüniké*
llamada a cobro revertido	appel en PCV	*apél an pesevé*
descolgar/ descolgado	décrocher/ décroché	*dekroché/ dekroché*
línea	ligne	*liñ*
llamada internacional	appel international	*apél enternasionál*
locutorio	cabine (téléphonique)	*kabín (telefoník)*
prefijo	indicatif	*endikatíf*
teléfono	téléphone	*telefón*
tono	tonalité	*tonalité*

¿Dónde puedo comprar una tarjeta SIM para mi móvil?
Où est que je peux acheter une carte SIM pour mon portable?
ú es que ye pë asheté ün cart' sim pur mon portable?

¿Cuánto cuesta?
Combien ça coûte ?
combián sa cut?

Mi móvil no funciona aquí.
Mon portable ne fonctionne pas ici.
mon portable ne fonsionn pa isí

No tengo cobertura.
Je n'ai pas de réseau
Dchë né pa dë resó

¿Dónde puedo tener mejor cobertura?
Où est-ce que je peux le mieux capter ?
U es que dchë pë lë mië capté?

¿Me pueden recargar el móvil?
Vous pouvez me recharger le portable ?
vu puvé me rechargé le portable?

■ Números y fechas

1	un	*ën*
2	deux	*dë*
3	trois	*truá*
4	quatre	*katr'*
5	cinq	*senk*
6	six	*sis*
7	sept	*set*
8	huit	*uít*
9	neuf	*nëf*
10	dix	*dis*
11	onze	*ons*
12	douze	*dus*
13	treize	*tres*

14	quatorze	*katórs*
15	quinze	*kens*
16	seize	*ses*
17	dix-sept	*disét*
18	dix-huit	*disuít*
19	dix-neuf	*disnëf*
20	vingt	*ven*
21	vingt et un	*ventean*
22	ving-deux	*vendë*
30	trente	*trant*
40	quarante	*karánt*
50	cinquante	*sankánt*
60	soixante	*suasánt*
70	soixante-dix	*suasánt-dís*
80	quatre-vingts	*katr'véan*
90	quatre-vingt-dix	*katr'vén-dís*
100	cent	*san*
Una vez	Une fois	*ün fuá*
La mitad	La moitié	*la muatié*
Dos veces	Deux fois	*dë fuá*
Un tercio	Un tiers	*ën tiers*
Tres veces	Trois fois	*truá fuá*
Un cuarto	Un quart	*ën kar*

■ Hora y tiempo

¿Qué hora es?
Quelle heure est-il ?
kel ër e-t-il?

Por favor, ¿puede decirme la hora?
S'il vous plaît, pourriez-vous me
donner l'heure ?
sil vu ple, purié vu më done lër?

Son las tres.
Il est trois heures.
il e truá-s-ër

Son las cinco y diez.
Il est cinq heures dix.
il e senk ër dis

Son las seis y cuarto.
Il est six heures et quart.
il e sis ër e kart

Son las cuatro y media.
Il est quatre heures et demie.
il e katr' ër e dëmí

Son las ocho menos veinte.
Il est huit heures moins vingt.
il e uit ër muan van

Son las nueve menos cuarto.
Il est neuf heures moins
le quart.
il e nëf ër muan lë kar

Son las doce del mediodía.
Il est midi.
il e midí

Son las doce de la noche.
Il est minuit.
il e minüí

› Expresiones de tiempo

Hoy	Aujourd'hui	*odchurdüi*
Anoche	Hier soir	*ier suár*
Anteayer	Avant-hier	*avant-iér*
La mañana	Le matin	*lë matan*
Ayer	Hier	*ier*
Mañana	Demain	*dëman*
Mediodía	Midi	*midí*
Medianoche	Minuit	*minui*
Ayer por la mañana	Hier matin	*ier matan*

■ Días, meses y estaciones

Son fiestas nacionales en Francia: Año Nuevo (1 de enero), Lunes de Pascua (variable), Fiesta del Trabajo (1 de mayo), Fin de la Segunda Guerra Mundial (8 de mayo), Ascensión del Señor (variable), Lunes de Pentecostés (variable), Fiesta Nacional-Toma de la Bastilla (14 de julio), Asunción de la Virgen (15 de agosto), Todos los Santos (1 de noviembre), Armisticio (11de noviembre) y Navidad (25 de diciembre).

› Los días de la semana

hoy es lunes	aujourd'hui c'est lundi	*odchurdüi se lëndí*
lunes	lundi	*lëndí*
martes	mardi	*mardí*
miércoles	mercredi	*merkrëdí*
jueves	jeudi	*dchëdí*
viernes	vendredi	*vandrëdí*
sábado	samedi	*sam'dí*
domingo	dimanche	*dimánch'*

› Los meses

¿En qué mes estamos?	C'est quel mois ?	*se kel muá?*
Estamos en el mes de mayo	Nous sommes en mai	*nu som-s-an me*
enero	janvier	*dchanvié*
febrero	février	*fevrié*
marzo	mars	*mars*
abril	avril	*avril*

mayo	mai	*me*
junio	juin	*dchüén*
julio	juillet	*dchüiyé*
agosto	août	*u (ut)*
septiembre	septembre	*septánbr'*
octubre	octobre	*oktobr'*
noviembre	novembre	*novánbr'*
diciembre	décembre	*desánbr'*

❯ Las estaciones del año

primavera	printemps	*prentán*
verano	été	*eté*
otoño	automne	*otón*
invierno	hiver	*ivér*

■ Moneda y cambio

La moneda oficial en Francia es el euro (€). Los billetes que están en circulación son de 5, 10, 20, 50, 100, 200 y 500 € y las monedas son de 5, 10, 20 y 50 céntimos, y de 1 y 2 €. Los bancos tienen un horario de apertura de 9 h a 17 h y los sábados hasta las 12 h. Se puede retirar efectivo con algunas tarjetas de crédito tanto en los bancos como en los cajeros automáticos. La mayoría de los establecimientos comerciales, hoteles, teatros y museos aceptan el pago con tarjetas de crédito.

Sin embargo, numerosos pequeños comercios y cafés no lo aceptan para pequeñas cantidades. Por ello, es conveniente tener siempre encima algo de efectivo.

¿Dónde está el banco más próximo?
Où est la banque la plus proche ?
u e la bank la plü proch'?

¿A qué hora abren los bancos?
À quelle heure ouvrent les banques ?
a kel ër uvr'le bank?

Déme billetes de 100.
Donnez-moi des billets de cent euros.
doné muá de biyé dë san ëró

¿Dónde puedo cambiar dinero?
Où est-ce que je peux changer de l'argent ?
u es kë dchë pë chanché dëlardchán?

¿Puedo enviar dinero al extranjero desde aquí?
Est-ce que je peux envoyer de l'argent à l'étranger d'ici ?
Es qüë jë pë anvuaië dë laryán a letrangé disí?

■ Pesos y medidas

› Longitud

¿Cuánto mide?
Ça mesure combien ?
Sa mesür combiën?

¿Cuál es la distancia desde Limoges a París?
Quelle est la distance de Limoges à Paris ?
Kel é la distáns dë limodch a paguí?

› Superficie

¿Cuánto mide?
Ça mesure combien ?
Sa mesür combiën?

¿Cuál es su superficie?
Quelle est sa surface ?
Kel é sa sürfás?

Este bosque mide 5 ha.
Cette forêt mesure 5 ha.
Së foré mësür senq ectar

El castillo mide 5.000 m²
Le château mesure 5.000 m²
Lë sható mësür senq mil metr carré

› Peso

¿Cuánto pesa?
Combien ça pèse ?
combiën sa pes?

¿Cuál es su peso?
Quel est son poids ?
Kel é son puá?

› Capacidad

¿Qué capacidad tiene?
Quelle est la capacité ?
kelé la kapasité?

¿Cuál es el volumen de este vaso?
Quel est le volume de ce verre ?
kelé lë volüm de se ver?

› Temperatura

¿A cuántos grados estamos?
Il fait combien ?
Il fe combian?

Estamos a 22 grados.
Il fait vingt-deux degrés.
il fe vaendë degré

› Vocabulario

milímetro	millimètre	*milimétr'*
centímetro	centimètre	*santimétr'*
metro	mètre	*metr'*
kilómetro	kilomètre	*kilométr'*
milla marina	mille marine	*mil marín*
metro cuadrado	mètre carré	*metr' karé*
metro cúbico	mètre cubique	*metr' kübik*

gramo	gramme	*gram*
kilogramo	kilogramme	*kilográm*
tonelada	tonne	*ton*
litro	litre	*litr'*
medio litro	demi litre	*demi litr'*
corto	court	*cur*
estrecho	étroit	*etruá*
grande	grand	*grand*
largo	long	*long*
lleno	plein	*plen*
vacío	vide	*vid*

■ Clima

¿Qué tiempo hace?	Quel temps fait-il ?	*kel tan fe-t-il?*
Está lloviendo	Il pleut	*il plë*
Está nevando	Il neige	*il nedch*
Está helando	Il gèle	*il dchel*
¿Que tiempo va a hacer?	Quel temps va-t-il faire ?	*kel tan va-t-il fer?*
Va a hacer calor	Il va faire chaud	*il va fer cho*
Va a hacer buen tiempo	Il va faire beau	*il va fer bo*
¿Qué tiempo hizo ayer?	Quel temps a-t-il fait hier ?	*kel tan a-t-il fe ier?*
Hizo bueno	Il a fait beau	*il a fe bo*
Hizo frío	Il a fait froid	*il a fe fruá*
Hizo calor	Il a fait chaud	*il a fe sho*

■ Elegir un color

¿De qué color es la puerta?
Quelle est la couleur de la porte ?
kel e la kulër dë la porte?

Es de color rosa.
Elle est rose.
el e ros

¿Tiene algo en azul?
Avez-vous quelque chose en bleu ?
avé vu kelk chos an blë?

Quiero un tono más claro/oscuro.
Je voudrais un ton plus clair/foncé
dchë vudré ën ton plü kler/fonsé

❯ Los colores

amarillo	jaune	*dchon*
azul	bleu	*blë*
blanco	blanc	*blan*

Rótulos más frecuentes

À LOUER Se alquila
À VENDRE Se vende
APPUYEZ SUR LE BOUTON
  Pulse el botón
ARMOIRE/ TROUSSE À
  PHARMACIE Botiquín
ATTENTION AU CHIEN
  Cuidado con el perro
AVIS Aviso
CHAMBRE ET PETIT DÉJEUNER
  Cama y desayuno
CHAUDE (ROBINET) Caliente
  (grifo)
COMPLET/ PLEIN Completo/
  lleno
DAMES (TOILETTES) Señoras
  (lavabos)
DANGER Peligro
DÉFENSE DE FUMER
  Prohibido fumar
DÉFENSE D'ENTRER Prohibida
  la entrada
DÉFENSE DE PÊCHER
  Prohibido pescar
DÉFENSE DE MARCHER
SUR LE GAZON/LA PELOUSE
  Prohibido pisar el césped
ENTRÉE Entrada
ENTRÉE INTERDITE AUX
  PERSONNES NON
  AUTORISÉES Prohibida
  la entrada a personas no
  autorizadas
ENTREZ SANS FRAPPER Entre
  sin llamar
ENTRÉE LIBRE Entrada libre
FERMÉ Cerrado
FROIDE (ROBINET) Fría (grifo)
INFORMATION/
  RENSEIGNEMENTS
  Información
LIBRE Libre

LOCATION DE VOITURES
  Alquiler de coches
MESSIEURS (TOILETTES)
  Caballeros (lavabos)
NE PAS APPROCHER No
  acercarse
NE PAS DÉRANGER No
  molestar
NE PAS SE PENCHER No
  asomarse
NE PAS TOUCHER No tocar
NE PAS OUVRIR No abrir
OCCUPÉ Ocupado
OUVERT Abierto
PARC DE STATIONNEMENT/
  parking Aparcamiento
PASSAGE INTERDITE Prohibido
  el paso
BAIGNADE INTERDITE
  Prohibido bañarse
PEINTURE FRAÎCHE Recién
  pintado
POUSSEZ Empujar
PREMIER ÉTAGE Primer piso
PRIVÉ Privado
RÉCEPTION Recepción
RÉCLAMATIONS
  Reclamaciones
RÉSERVÉ/ LOUÉ Reservado
REZ-DE-CHAUSSÉE Planta
  baja
SONNEZ/ APPUYEZ SUR LA
  SONNETTE Llame al timbre
SORTIE salida
SORTIE D'INCENDIE Salida de
  incendios
SORTIE DE SECOURS Salida de
  emergencia
STATION DE TAXIS Parada
  de taxis
TIREZ Tirar
TOILETTES Servicios

negro	noir	*nuár*
rojo	rouge	*rudch*
verde	vert	*ver*
beige	beige	*bedch*
blanco	blanc	*blan*
castaño	châtain	*chatén*
claro	clair	*kler*
crema	crème	*krem*
de color	de couleur	*dë kulér*
dorado	doré	*doré*
gris	gris	*gri*
liso	uni	*üni*
marrón	marron	*marón*
malva	mauve	*mov'*
neutro	neutre	*nëtr'*
naranja	orange	*orándch'*
ocre	ocre	*okr'*
oscuro	foncé	*fonsé*
plateado	argenté	*ardchanté*
rosa	rose	*ros*
salmón	saumon	*somón*
tostado	foncé	*fonsé*
violeta	violet	*violé*

■ Notas ■

alojamiento

En Francia hay una gran cantidad de cadenas hoteleras modernas y con buen servicio con establecimientos en todas las ciudades importantes del país. Algunos de estos hoteles se hallan en las periferias, aunque suelen estar bien comunicados con el centro urbano. En general, suelen practicar precios asequibles.

La clasificación de los hoteles, como en España, se establece en base a un número de estrellas, fácil de identificar en el cartel situado a la entrada de cada establecimiento.

Además de las opciones de alojamiento económico mencionadas más arriba, el país posee una inmensa variedad de hoteles con encanto, de diferentes tamaños, donde la decoración y la comodidad reciben espacial cuidado. En este sentido, buscar alojamiento en Francia puede convertirse en una gozosa y tentadora experiencia.

En cuanto a los establecimientos de *standing,* su elevado precio suele estar justificado por un servicio, decoración y situación realmente envidiables. A falta de poder alojarse en ellos, se puede optar por visitar sus restaurantes, con frecuencia dirigidos por *chefs* de renombre.

Por último, las *chambres d'hôte* son habitaciones en casas de particulares. A menudo presentan un buen nivel de confort y una cuidada decoración. Esta opción puede ser la ocasión perfecta para entablar contacto con nativos.

■ Buscando alojamiento

¿Podría recomendarme un hotel?
Pourriez-vous me recommander
un hôtel ?
purié vu më rëkomandé ën otél

**¿Podría recomendarme una
pensión?**
Pourriez-vous me recommander
un hôtel pas cher ?
*purié vu më rëkomandé ën hotel
pa cher?*

**¿Podría indicarme un hotel en
una zona tranquila?**
Pourriez-vous m'indiquer un
hôtel dans une zone tranquille ?
*purié vu mandiké ën otél dan-s-
ün son trankíl?*

¿Hay algún hotel en las afueras?
Pourriez-vous m'indiquer un
hôtel en dehors de la ville ?
*purié vu mendiké ën otél an deór
de la vill'?*

¿Hay algún hotel cerca de aquí?
Y a-t-il un hôtel près d'ici ?
i a-t-il ën otél pre disí?

**¿Podría indicarme un hotel en
una zona cerca de la playa?**
Pourriez-vous m'indiquer un
hôtel près de la plage ?
*purié vu mendiké ën otél pre dë
la pladch?*

**¿Podría indicarme un hotel en
una zona céntrica?**
Pourriez-vous m'indiquer un
hôtel dans le centre ?
*purié vu mendiké ën otél dan lë
santr'?*

**¿Hay un albergue
juvenil cerca?**
Est-ce qu'il y a une auberge de
jeunesse près d'ici ?
*Es qu'il i a ün oberdch dë jënés
pré disí?*

▶ Vocabulario

albergue juvenil	auberge de jeunesse	*obérdch' dë dchënés*
almohada	oreiller	*oreyé*
alojamiento	logement	*lodch'mán*
apartamento	appartement	*apart'mán*
ascensor	ascenseur	*asansër*
botones	groom	*grum*
bungalow	bungalow	*bëngaló*
caja fuerte	coffre-fort	*kofr'fór*
cama	lit	*li*
cama supletoria	lit supplémentaire	*li süplemantér*
camping	camping	*kanpín*
categoría	catégorie	*kategorí*
cena	dîner	*diné*
colchón	matelas	*mat'lá*
comida	déjeuner	*dedchëné*
conserje	concierge	*konsiérdch'*
cuarto de baño	salle de bain	*sal dë ben*
cuenta	note	*not*

cuna	berceau	*bersó*
desayuno	petit-déjeuner	*peti dedchëné*
director	directeur	*direktèr*
ducha	douche	*duch*
equipaje	bagages	*bagádch*
funda de almohada	taie d'oreiller	*te doreyé*
gerente	gérant	*dcherán*
habitación	chambre	*chanbr'*
– con balcón	chambre avec balcon	*chanbr' avek balkón*
– con baño/ ducha	chambre avec baignoire/ douche	*chanbr' avék bènywar/duch*
– con cama de matrimonio	chambre avec lit à deux places (grand lit)	*chanbr' avék li a dë plas (gran li)*
– con terraza	chambre avec terrasse	*chanbr' avék terás*
– doble	chambre double	*chanbr' dubl'*
– exterior	chambre sur rue	*chanbr' sür rü*
– interior	chambre sur cour	*chanbr' sür cur*
– orientada al mar	chambre qui donne sur la mer	*chanbr' ki don sür la mer*
– sencilla	chambre simple	*chanbr' senpl'*
– tranquila	chambre tranquille	*chanbr' trankíl*
hotel	hôtel	*otel*
llave	clé	*kle*
maleta	valise	*valis*
manta	couverture	*kuvertür*
media pensión	demi-pension	*demi-pansión*
motel	motel	*motél*
pensión	pension	*pansión*
pensión completa	pension complète	*pansión konplét*
planta (piso)	étage	*etádch*
portero	concierge	*konsiérdch'*
recepción	réception	*resepsión*
recepcionista	réceptionniste	*resepsioníst*
registrarse en el hotel	s'inscrire sur le registre de l'hôtel	*senskrír sür lë rëdchístr dë lotél*
reserva	réservation	*reservasión*
restaurante	restaurant	*restorán*
sábana	drap	*dra*
servicio	service	*servís*
servicio de habitaciones	room service	*rum servís*
teléfono	téléphone	*telefón*
temporada alta	haute saison	*ot sesón*
temporada baja	basse saison	*bas sesón*
vestíbulo	hall	*ol*

■ El hotel

❯ En la recepción

Quisiera una habitación para dos personas.
Je voudrais une chambre pour deux.
dchë vudré ün chanbr' pur dë

He reservado una habitación sencilla.
J'ai reservé une chambre à un lit.
dche reservé chanbr' a ën li

¿Hay alguna habitación libre?
Avez-vous une chambre libre ?
avé vu ün chanbr' libr'?

Lo siento, está completo.
Je regrette, c'est complet.
dchë regrét, se konplé

¿Ha hecho Ud. reserva?
Avez-vous fait une réservation ?
Avé-vu fe ün reservasión

No he hecho reserva.
Non, je n'ai pas reservé.
No, dchë ne pa reservé

¿Cuánto tiempo van a quedarse?
Combien de temps pensez-vous rester ?
konbién de temps pansé vu resté?

Una noche.
Une nuit.
ün nüí

Tres días
Trois jours.
truá dchur

Hasta el domingo.
Jusqu'à dimanche.
Jüska dimánch'

¿Podemos ver la habitación?
On peut voir la chambre ?
on pë vuár la chanbr'?

¿Podría ver otra habitación?
Pourriez-vous me montrer une autre chambre ?
purié vu-me montré ün otr' chanbr'

¿Pueden poner una cama supletoria?
Pourriez-vous y ajouter un lit supplémentaire ?
purié vu-s-i adchuté ën li süplemantér?

Rótulos más frecuentes

COMPLET Completo
EXTINCTEUR D'INCENDIE Extintor de incendios
FERMÉ Cerrado
HAUTE SAISON Temporada alta
BASSE SAISON Temporada baja
NE PAS DÉRANGER No molestar

OUVERT Abierto
PAIEMENT À L'AVANCE Pago por adelantado
RÉCEPTION Recepción
SALLE À MANGER Comedor
SERVICE Servicio
SORTIE DE SECOURS Salida de emergencia
TÉLÉPHONE Teléfono
TOILETTES Lavabos

La agencia de viajes hizo la reserva.
L'agence de voyage a fait la reservation.
ladcháns dë vuayádch a fe la reservasión

He reservado por Internet.
J'ai réservé sur Internet.
Dche reservé sur Internet

¿Tiene aire acondicionado?
La chambre a l'air conditionné ?
la chanbr' a ler condisioné?

¿Hay agua caliente?
La chambre a de l'eau chaude ?
la chanbr' a dë lo chod?

¿Tiene baño la habitación?
La chambre a une salle de bain ?
la chanbr' a ün sal dë ben?

¿Tiene calefacción?
La chambre a du chauffage ?
la chanbr'a dü chofadch?

> El precio

¿Cuál es el precio por noche?
Quel est le prix par la nuit ?
kel e lë pri de la nüí?

¿Está incluido el desayuno?
Petit- déjeuner compris ?
pëtí dedchëné konprí?

Es demasiado fría/ caliente.
Elle est trop froide/chaude.
el e tro fruád/ chod

Es demasiado oscura/ ruidosa.
Elle est trop sombre/ bruyante.
el e tro obskür/ brüiyant

¿Es pensión completa?
C'est le prix pour la pension complète ?
Se le pri pur la pansión konplét?

El servicio tiene un recargo de un diez por ciento.
Il y a un supplément de dix pour cent pour le service.
il i a ën süplemán de dis pur san pur lë servís

> El registro

Por favor, rellene esta ficha.
Remplissez cette fiche, s'il vous plaît.
ranplisé set fich, sil vu ple

Firme aquí, por favor
Signez ici, s'il vous plaît.
siñé-s-isí, sil vu ple

¿Cuál es mi habitación?
Quelle est ma chambre ?
kel e ma chanbr'?

Es la 345, en el tercer piso.
C'est la 345, au troisième étage.
se la 345, o truasiém etádch

Su pasaporte, por favor.
Votre passeport, s'il vous plaît.
votr' pas'pór, sil vu ple

Yo rellenaré su ficha.
Je remplirai moi-même votre fiche.
dchë ranpliré muá mem votr'fich

Aquí tiene su ficha.
Voilà votre fiche.
vualá votr'fich

El mozo le subirá el equipaje.
Le garçon montera vos valises.
lë garsón mont'ra vo valís

> El equipaje

¿Pueden bajar mi equipaje?
Pourriez-vous descendre mes bagages ?
purié vu desandr' me bagádch'?

¿Pueden llevar mi equipaje a la habitación?
Pourriez-vous porter mes valises à la chambre ?
Purié vu porté me valis a la chanbr'?

¿Dónde está mi equipaje?
Où sont mes bagages ?
u son me bagádch'?

Está en el coche.
Il est dans la voiture.
il e dan la vuatür.

Está en la estación.
Il est à la gare.
il e-t- a la gar

¿Está incluido el servicio?
Service compris ?
servís konprí?

Sí, el servicio está incluido.
Oui, service compris.
ui, servís konprí

¿Podemos dejar aquí nuestro equipaje?
Est-ce nous pouvons laisser ici nos bagages ?
Es quë nu puvón lesé isí no bagadch?

> Información y servicios

La número 345, por favor.
La clé numéro 345, s'il vous plaît.
la kle nümeró truá san carant sank, sil vu ple

¿Ha preguntado alguien por mí?
Quelqu'un m'a appelé ?
kelkèn ma apëlé?

¿Hay algún recado para mí?
Y a-t-il des messages pour moi ?
i a-t-il de mesádch pur muá?

¿Tienen caja fuerte?
Avez-vous un coffre-fort ?
avé vu ën kofr' fór?

¿Podrían despertarme a las 8 h?
Pourriez-vous me réveiller à 8 heures ?
Purié vu më reveyé dëmën a üit ër

¿Cuánto paga el niño?
Combien doit-on payer pour l'enfant ?
konbién duá-t-òn peyé pur lanfán?

¿Puedo dejar objetos de valor?
Est-ce que je peux y déposer des objets de valeur ?
es ke dchë pë i deposé des-obdché dë valër?

Estoy esperando al señor López.
J'attends Monsieur López.
dchatán mësië lopez.

Estaré en el bar.
Je serai au bar.
dchë sëré o bar

> Servicio de habitaciones

Hay una llamada para Ud.
On vous appelle au téléphone.
on vu-s-apél o telefón

No se retire, por favor.
Ne quittez pas, s'il vous plaît.
në kité pa, sil vu ple

Por favor, tráigame un sándwich.
Un sandwich s'il vous plaît.
an sanduích sil vu ple

¿Puede limpiar esto?
Pourriez-vous nettoyer cela ?
Purié vu netuayé selá?

¿Quién es?
Qui est-ce ?
ki e-s-ë?

Un momento, por favor.
Un instant, s'il vous plaît
ën anstán, sil vu ple

¿Hay algún recado para mí?
Y a-t-il un message pour moi ?
i a-t-il an mesadch pur muá?

Está aquí el Sr. Gómez.
Monsieur Gómez est ici.
mësië gómez e-t-isí

Dígale que suba.
Dites-lui de monter.
dit lüí dë monté

Dígale que bajo enseguida.
Dites-lui que je descends tout
de suite.
dit lüí kë dchë desán tu d'süït

¿Puede decir a la camarera que
suba, por favor?
Pourriez-vous dire à la femme de
chambre de monter, s'il vous plaît ?
*purié vu dir a la fam dë chanbr'dë
monté, sil vu plaît?*

¿Cómo funciona esto?
Comment ça marche ?
komán sa march?

¿Puede enviar estas cosas a
planchar?
Pourriez-vous envoyer ces
affaires pour les repasser ?
*purié vu-s-anvuayé ses afér pur
le rëpasé?*

¿Cuándo estarán listas?
Quand est-ce qu'elles seront
prêtes ?
kan es kel sërón pret?

Las necesito mañana
por la tarde.
J'en ai besoin pour demain
après-midi.
*dchan e bësuén pur dëmén
apré-midí*

¡Pase!
Entrez !
antré

> Quejas y dificultades

¿Puede Ud. arreglarlo?
Pouvez-vous le réparer ?
puvé vu lë reparé?

Se ha fundido una bombilla.
L'ampoule est grillée.
lanpúl e griyé

No funciona la calefacción.
Le chauffage ne marche pas.
lë chofádch në march pa

La cama es muy incómoda.
Le lit n'est pas confortable.
Lë li né pa confortable

El lavabo está atascado.
Le lavabo est bouché.
lë lavabó e buché

No hay agua caliente.
Il n'y a pas d'eau chaude.
il ni a pa do chod

Hay demasiado ruido.
Il y a trop de bruit.
il i a tro dë brüí

La ventana no cierra.
On ne peut pas fermer la fenêtre.
on në pë pa fermé la fénétr'

La ventana no abre.
On ne peut pas ouvrir la fenêtre.
on në pë pa-s-uvrír la fénétr'

Quisiera hablar con el director.
Je voudrais parler avec le
directeur.
dchë vudré parlé avek lë direktër

Quiero hablar con el encargado.
Je veux parler avec le
responsable.
dchë vé parlé avek lë responsabl'

› Al partir

Prepáreme la cuenta,
por favor.
Préparez-moi la note,
s'il vous plaît.
preparé muá la not, sil vu ple

¿Puede pedirme un taxi para
mañana a las 9 h?
Pourriez-vous me demander un
taxi pour demain à neuf heures ?
*purié vu më demandé ën taksí
pur dëmën a nëf ër?*

¿Puede alguien llevar mi
equipaje a la estación?
Y a-t-il quelqu'un pour porter
mes valises à la gare ?
*i a-t-il kelkën pur porté me valís
a la gar?*

¿Ha consumido
algo del minibar?
Avez-vous consommé quelque
chose du minibar ?
*Avé-vu consomé kelke shos du
minibar?*

Creo que hay un error en la
cuenta.
Il me semble qu'il y a une erreur
dans la note.
*il më sanbl'kil i a ün erër dan
la not*

¿Tiene Ud. un horario de trenes?
Avez-vous un horaire de trains ?
avé vu-s-ën orér dë tren?

¿Cuándo sale el próximo
autobús para Lyon?
A quelle heure est le départ du
prochain autobus pour Lyon ?
*a kel ër e lë depár dü prochén
otobüs pur lión?*

¿Podría remitir el correo que
reciba a esta dirección?
Pourriez-vous me faire parvenir
à cette adresse le courrier que
vous recevrez ?
*purié vu më fer parvenír a set
adrés lë kurié kè vu rësëvré?*

Muchas gracias por todo.
Merci beaucoup pour tout.
mersí bocú pur tu

■ Camping

El camping es una modalidad de alojamiento muy extendida
y popular entre los franceses, por lo que existen numerosos
establecimientos de este tipo a lo largo y ancho del país.
Como es lógico, la categoría de los campings y el nivel de
sus instalaciones y servicios experimentan grandes variacio-
nes y con ellos el precio. Lo mejor es hacerse con una buena
guía de campings de Europa o, en su defecto, solicitar la Guía
de Campings que ofrece gratuitamente cualquier representación de la Oficina de Turismo francesa.
El francés, buen amante de la naturaleza y gran viajero, utiliza ampliamente estos establecimientos por lo que conviene
reservar plaza con bastante antelación.

¿Hay algún camping por aquí?
Y a-t-il un camping près d'ici ?
i a-t-il ën kanpín pre disí?

¿Podemos acampar aquí?
On peut camper ici ?
on pë kanpé isí?

¿Hay plazas libres para un coche y dos tiendas?
Y a-t-il des places libres pour une voiture et deux tentes ?
i a-t-il de plas libr'pur ün vuatür e dë tant?

¿Cuánto cuesta por día y por persona?
Quel est le prix par jour et par personne ?
kel e lë pri par dchur e par persón

¿Podemos poner aquí nuestra caravana?
On peut mettre ici notre caravane ?
on pë metr'isí notr' caravan?

¿Puedo aparcar aquí?
Je peux me garer ici ?
dchë pë më garé isí?

¿Hay algún enchufe por aquí?
Y a-t-il une prise de courant par ici ?
i a-t-il ün pris dë kurán par isí?

¿Dónde están los servicios?
Où sont les toilettes ?
u son le tualét

¿Cuánto cuesta por coche?
Quel est le prix par voiture ?
kel e lë pri par vuatür?

¿Cuánto cuesta por tienda?
Quel est le prix par tente ?
kel e lë pri par tant?

¿Cuánto cuesta por día?
Quel est le prix par jour ?
kel e lë pri par dchur?

¿Dónde está el encargado?
Où est le responsable ?
u e lë responsábl'?

Pensamos estar diez días.
Nous pensons rester dix jours.
nu pansón resté di dchur

¿Hay agua corriente/ potable?
Y a-t-il de l'eau courante/ potable ?
i a-t-il dë lo kuránt/ potábl'?

¿De qué servicios disponen?
Quels services avez-vous ?
kel servís ave vu?

¿Hay duchas?
Y a-t-il des douches ?
i a-t-il de duch?

¿Dónde se pueden fregar los cacharros?
Où est ce qu' on peut faire la vaisselle ?
u es con pë fer la vesél?

¿Hay cerca de aquí alguna tienda de alimentación?
Y a-t-il une épicerie près d'ici ?
i a-t-il ün episèri pre disí?

¿Hay cerca de aquí algún supermercado?
Y a-t-il un supermarché près d'ici ?
i a-t-il ën süpermarché pre disí?

¿Hay cerca de aquí alguna farmacia abierta?
Y a-t-il près d'ici une pharmacie ouverte ?
i a-t-il pre disí ün farmasí uvert?

Por favor, ¿le importaría dejarme un martillo?
S'il vous plaît, pourriez-vous me prêter un marteau?
sil vu ple purié vu më preté an martó?

Vocabulario

acampar	camper	*kanpé*
agua potable	eau potable	*o potábl'*
alquilar	louer	*lué*
aparcar	garer	*garé*
basura	ordures	*ordür*
bidón	bidon	*bidón*
bombona de gas	bouteille de gaz	*butéy de gas*
caravana	caravane	*karaván*
carné de campista	carnet de campeur	*karné dë kanpër*
categoría	catégorie	*kategorí*
cocinar	faire la cuisine	*fer la küisín*
ducha	douche	*duch*
encendedor	briquet	*briké*
enchufe	prise de courant	*pris dë kurán*
hacer fuego	faire du feu	*fer dü fë*
hoguera	feu	*fë*
hornillo	camping-gaz	*kanpiín gas*
lámpara	lampe	*lanp*
lavar	laver	*lavé*
mochila	sac à dos	*sak a do*
planchar	repasser	*rëpasé*
prohibido acampar	camping interdit	*kanpín anterdí*
prohibido aparcar	stationnement interdit	*stasion'mán anterdí*
registro	inscription/ enregistrement	*enskripsión/ anrëgistr'mán*
reserva anticipada	réservation anticipée	*reservasión antisipé*
saco de dormir	sac de couchage	*sak de kuchádch'*
servicios	toilettes	*tualét*
tarifa de alquiler	tarif de location	*taríf dë lokasión*
tela impermeable	toile imperméable	*tuál enpermeábl'*
tienda de campaña	tente	*tant*
utensilios de cocina	ustensiles de cuisine	*üstansíl dë küisín*
vigilante	surveillant	*sürveyán*

■ Notas ■

en el restaurante

Es bien conocida la alta reputación internacional de la cocina francesa. El francés eleva a niveles casi místicos el arte de la buena mesa. Al viajero le resultará relativamente fácil encontrar excelentes restaurantes donde se rinde culto a esta importante seña de identidad de la cultura nacional.

A la hora del almuerzo, la mayoría de lo restaurantes ofrece un menú del día compuesto por un entrante, un plato principal y un postre. La bebida no suele estar incluida. Por la noche, el precio del menú es más elevado. Por supuesto, siempre existe la posibilidad de comer a la carta.

Los típicos *bistrots* son restaurantes de ambiente informal que proponen una bien surtida carta de platos de la cocina clásica francesa y, a veces, internacional. Por su parte, las *brasseries* constituyen a menudo verdaderos templos de la *cuisine française*. En París y en ciertas grandes ciudades, sobreviven algunas *brasseries* centenarias que han conservado intacta su decoración a través de los años.

El almuerzo comienza a las 12 h y suele terminar alrededor de las 13.30 h, aunque en ciertos restaurantes es posible comer hasta las 14 h. La cena empieza a las 19 h y su servicio termina sobre las 21 h. No obstante, resulta relativamente fácil encontrar algún local para cenar fuera de estos horarios, sobre todo en las grandes ciudades.

En cuanto a la propina, el cliente no está en ningún caso obligado a dejarla, si bien suele estar bien visto dejar algunas monedas, sobre todo en establecimientos de categoría.

Los quesos

Son exquisitos los quesos que se elaboran en Francia con leche de oveja, cabra o vaca. El francés es, por su parte, un gran consumidor de estos productos y de hecho tiene dónde elegir para satisfacer su gusto, a la hora de hablar de las clases de queso que se elaboran en el país es ya tópica la cifra de 350. Los quesos de Normandía, del Pirineo, de Alsacia, de los Alpes son famosos mundialmente. Nombres como *Roquefort, Camembert* o *Brie* son estrellas en la industria.

Los vinos

Francia es el primer país exportador de vinos del mundo. Se producen en casi toda su geografía, exceptuando una pequeña parte del norte. Viajando por Francia se ven enormes extensiones de viñedos con cuyo fruto se elaboran los caldos de mayor nombre del mundo. Regiones como Aquitania, Valle del Ródano, Provenza, Lorena, Alsacia, Languedoc, Champagne, Ardenas, Borgoña, Poitou, Charentes son el origen de productos como los cognacs y los champagnes más cotizados en el mundo así como de los nombres de vinos tan sugestivos como los *Beaujolais, Burdeos, Côte-d'Or, Côtes du Rhône, Borgoña, Rosellón*, etc. Francia también produce una buena sidra y un original aguardiente de manzana que se elabora en la región normanda.

La cerveza

Los países francófonos europeos poducen muy buenas cervezas. Es notable la variedad y calidad de los que produclen, entre otras, las fábricas alsacianas, belgas y suizas de tan larga tradición.

■ En el restaurante

› Buscando el establecimiento

¿Podría indicarme dónde hay un buen restaurante por aquí?
Pourriez-vous m'indiquer où est-ce qu'il y a un bon restaurant par ici ?
purié vu mendiké u es kil i a ën bon restorán par isí?

¿Podría indicarme un restaurante barato por aquí?
Pourriez vous m'indiquer où est-ce qu'il y a un restaurant pas cher par ici ?
purié vu mendiké u es kil i a un restorán pa cher par isí?

¿Hay un restaurante por aquí?
Y a-t-il un restaurant par ici ?
i a-t-il ën restorán par isí?

Quiero reservar una mesa para dos personas.
Je voudrais réserver une table pour deux personnes.
dchë vudré reservé ün tabl' pur dë persón

Quiero reservar una mesa para las 8 h de esta noche.
Je voudrais réserver une table pour ce soir à huit heures
dchë vudré vudre reservé ün tabl' pur së suár a uít ër

¿A qué nombre?
A quel nom ?
a kel non?

¿A qué hora abren?
À quelle heure ouvrez-vous ?
a kel ër uvré vu?

¿A qué hora cierran?
À quelle heure fermez-vous ?
a kel ër fermé vu?

› Al llegar

Buenos días, ¿tienen mesa libre?
Bonjour, avez-vous une table libre ?
bondchúr avé vu ün tabl' libr'?

¿Está libre esta silla?
Cette chaise est libre ?
set ches e libr'?

¡Camarero!
Garçon !
garsón

¡por favor!
S'il vous plaît !
sil vu plé

Por favor, la carta.
S'il vous plaît, la carte.
sil vu ple, la kart

Por favor, la carta de vinos.
S'il vous plaît, la carte des vins.
sil vu ple, la kart dë ven

¿Qué nos recomienda?
Que nous conseillez-vous ?
kë nu konseyé vu?

¿Tienen Uds. menú del día?
Avez-vous un menu du jour ?
avé vu ën mënü dchur?

Por favor, un tenedor.
S'il vous plaît, une fourchette.
sil vu ple, ün furchét

¿Puede traer una jarra d e agua?
Pourriez-vous apporter une carafe d'eau ?
purié vu-s-aporté ün caraf do?

¿Tiene Ud. cordero?
Avez-vous de l'agneau ?
avé vu dë lañó?

¿Dónde están los servicios?
Où sont les toilettes ?
u son les tualét?

¿Puede darnos una mesa junto a la ventana?
Pourriez-vous nous donner une table près de la fenêtre ?
purié vu nu doné ün tabl'pre dë la fënétr'?

¿Puede darnos una mesa en la terraza?
Pourriez-vous nous donner une table en terrasse ?
purié vu nu doné ün tabl' an terás?

Queremos comer algo.
Nous voudrions manger quelque chose.
nu vudrion mandché kelk choss

Tenemos prisa.
Nous sommes pressés.
nu som presé

Queremos algo de beber.
Nous voudrions quelque chose à boire.
nu vudrion kelk chos à buár

¿Qué nos pueden servir sin esperar?
Qu'est-ce que vous pourriez nous servir sans avoir à attendre ?
kes kë vu purié nu servír san-s-avuár a atándr'?

¿Puede recomendarnos un vino de la zona?
Pourriez-vous nous conseiller un vin du pays ?
purié vu nu konseyé ën ven dü peí?

¿Puede recomendarnos una especialidad de la casa?
Pourriez-vous nous conseiller une spécialité de la maison ?
purié vu nu konseyé ün spesialité dë la mesón?

> ## La vajilla

abrebotellas	ouvre-bouteille(s)	*uvr'-butéy*
azucarero	sucrier	*sükriyé*
bandeja	plateau	*plató*
botella	bouteille	*butéy*
cenicero	cendrier	*sandriyé*
copa	verre	*ver*
– de champán	coupe à champagne	*kup a chanpáñ*
– de coñac	verre de cognac	*ver de koñác*
– de vino	verre de vin	*ver de ven*
cubierto	couvert	*kuvér*
cuchara	cuillère	*küiyer*
cucharilla	petite cuillère	*pëtít küiyér*
cucharilla de café	cuillère à café	*küiyer a café*
cuchillo	couteau	*kutó*
fuente	plat	*pla*
jarra	cruche/ carafe	*krüch/ karáf*
– de agua	cruche/ carafe d'eau	*krüch/ caráf do*
mantel	nappe	*nap*

pala	pelle	*pel*
palillos	cure-dents	*kür-dan*
pimienta	poivre	*puavr'*
plato	assiette	*asiét*
– hondo	assiette creuse/ à soupe	*asiét krës/ a sup*
– llano	assiette plate	*asiét plat*
sacacorchos	tire-bouchons	*tir-buchón*
sal	le sel	*le sel*
salsera	saucière	*sosiér*
servilleta	serviette	*serviét*
taza	tasse	*tas*
tazón	bol	*bol*
tenedor	fourchette	*furchét*
vaso	verre	*ver*
vinagreras	huilier	*üilié*

■ Para entender la carta

Bajo los epígrafes siguientes se agrupan los principales tipos de preparaciones y condimentos que se emplean habitualmente. Se han colocado en primer lugar los términos en francés para facilitar su localización al consultar la carta de los restaurantes.
No obstante, se ofrecen a continuación las preparaciones y condimentos más frecuentes en castellano para el caso de que se desee pedir algo directamente.

❭ Preparaciones

à la braise	*a la bres*	a la brasa
à la coque	*a la kok*	pasado por agua
à l'étouffée/ à l'étuvée	*a letufé/ aletüvé*	estofado
à l'encre	*a lankr*	en su tinta
assaisonné	*asesoné*	sazonado
assez cuit	*asé küí*	bastante hecho
au four	*o fur*	al horno
à point	*a puán*	en su punto
dans le vinaigre	*dan le vinégr'*	en vinagre
avec de la sauce béchamel	*avék dë la sos bechamel*	con bechamel
avec de la mayonnaise	*avék dë la mayonés*	con mayonesa

bouilli	buyí	hervido
chaud	cho	caliente
cuit à petit feu	küí a pëtí fë	cocido a fuego lento
dans son jus	dan son dchü	en su jugo
mariné	mariné	adobado
en sauce	an sos	en salsa
pané	pané	rebozado
farci	farsí	relleno
flambé	flanbé	flambeado
frais	fre	fresco
frit	frí	frito
froid	fruá	frio
fumé	fümé	ahumado
gratiné	gratiné	gratinado
grillé	griyé	a la parrilla
haché	aché	picado
juteux	dchütë	jugoso
mijoté	midchoté	rehogado
pané	pané	empanado
peu cuit	pë küí	poco hecho
poché	poché	escalfado
ragoût	ragú	guisado
rôti	rotí	asado
saignant	señán	poco hecho
salé	salé	salado
sauté	soté	salteado
sur le plat	sür lë pla	al plato
tendre	tandr'	tierno
à la vapeur	vapër	al vapor

› Para pedirlo como Ud. desea

adobado	mariné	mariné
ahumado	fumé	fümé
a la brasa	à la braise	a la bres
a la plancha	grillé/ sur le grill	griyé/ sür lë gril
al horno	au four	o fur
al plato	sur le plat	sür lë pla
al vapor	à la vapeur	vapér
asado	rôti	rotí
bastante hecho	bien cuit	asé küí
caliente	chaud	cho
cocido	cuit	küí
con poca sal	peu salé	pë salé
crudo	cru	krü

en su punto	à point	*a puán*
escalfado	poché	*poché*
fresco	frais	*fre*
frío	froid	*fruá*
frito	frit	*frí*
gratinado	gratiné	*gratiné*
hervido	bouilli	*buyí*
pasado por agua	à la coque	*a la kok*
picado	haché	*aché*
poco hecho	saignant/ peu cuit	*señán/ pë küí*
rebozado	pané	*pané*
rehogado	mijoté	*midchoté*
salado	salé	*salé*
salteado	sauté	*soté*
sin sal	sans sel	*san sel*
tierno	tendre	*tandr'*

> Los ingredientes

aceite	huile	*üíl*
aceitunas	olives	*olív*
ajo	ail	*áy*
alcaparras	câpres	*kapr'*
azúcar	sucre	*sükr'*
canela	cannelle	*kanél*
cebolla	oignon	*oñón*
cebolletas	ciboulettes	*sibulét*
eneldo	aneth	*anét*
especias	épices	*epís*
hierba	herbe	*erb*
hierbabuena	menthe	*mant*
hinojo	fenouil	*fënúy*
laurel	laurier	*lorié*
limón	citron	*sitrón*
manteca de cerdo	saindoux	*sendú*
mantequilla	beurre	*bër*
margarina	margarine	*margarín*
mayonesa	mayonnaise	*mayonés*
mermelada	confiture	*confitür*
miel	miel	*miel*
mostaza	moutarde	*mutárd*
orégano	origan	*origan*
perejil	persil	*persí*
pimentón	paprika	*papriká*
pimiento	piment	*pimán*

pimienta	poivre	*puavr'*
rábano	radis	*radí*
sal	sel	*sel*
salsa	sauce	*sos*
— de tomate	— tomate	*— tomát*
— rosa	— rose	*— ros*
— tártara	— tartare	*— tartár*
vinagre	vinaigre	*vinégr'*

> ¿Puede Ud. traernos...?

aceite	huile	*üll*
azúcar	sucre	*sükr*
limón	citron	*sitrón*
mantequilla	beurre	*bër*
margarina	margarine	*margarín*
mayonesa	mayonnaise	*mayonés*
mermelada	confiture	*confitür*
miel	miel	*miel*
mostaza	moutarde	*mutárd*
pimienta	poivre	*puávr'*
pimentón	paprika	*papriká*
sal	sel	*sel*
salsa	sauce	*sos*
salsa de tomate	sauce tomate	*sos tomát*

> El desayuno

¿Qué desea tomar?
Que désirez-vous prendre ?
kë désiré vu prandr'?

Tomaré té.
Je prendrai un thé.
dchë prandré an té

¿Puede darme más mermelada?
Pourriez-vous me donner un peu
plus de confiture ?
*Purié vu më doné ën pë plü de
confitür?*

¿Puede traer café?
Pourriez-vous apporter
du café ?
*Purié vu-s-aporté
dü kafé?*

> Vocabulario

azúcar	sucre	*sükr'*
bacon	bacon	*bekón*
bizcocho	gâteau	*gató*
bollo	petit pain/ brioche	*petí pen/ brioch*
café	café	*café*
café solo	café noir	*kafé nuár*

– con leche	café au lait/ café crème	*kafé o le/ kafé krem*
– cortado	café noisette	*kafé nuasét*
– descafeinado	deca	*decá*
– capuchino	cappuccino	*capuchino*
cereales	céréales	*sereál*
cruasán	croissant	*cruasán*
desayuno	petit déjeuner	*pëtí-dechëné*
huevo(s)	oeuf(s)	*ëf= sing; ë= plural*
– con bacon	oeufs au bacon	*ë o bekón*
– fritos	oeufs au plat	*ë o plá*
– escalfados	oeufs pochés	*ë poché*
– pasados por agua	oeufs à la coque	*ë a la kok*
– revueltos	oeufs brouillés	*ë bruyé*
infusión	infusion	***enfüsion***
leche	lait	*le*
– fría	lait froid	*le fruá*
– caliente	lait chaud	*le cho*
– con cacao	chocolat	*chocolá*
– condensada	lait concentré	*le konsantré*
– sin lactosa	sans lactose	*san lactós*
– desnatada	écrémé	*ecremé*
mantequilla	beurre	*bër*
mermelada	confiture	*confitür*
– de naranja	confiture d'orange	*confitür dorándch'*
– de fresa	confiture de fraise	*confitür dë fres*
– de frambuesa	confiture de framboise	*confitür de franbuas*
– de limón	confiture de citron	*confitür de sitrón*
miel	miel	*miel*
pan	pain	*pen*
panecillos	petits pains	*pëti pen*
rebanada de pan	tranche de pain	*tranch de pen*
salchichas	saucisses	*sosís*
té	thé	*te*
té con leche	thé au lait	*te o le*
– con limón	thé au citron	*te o sitrón*
tostada	toast/ tranche de pain grillé	*tost/ tranch dë pen griyé*
zumo de frutas	jus de fruit	*dchü dë früi*
– de limón	jus de citron	*dchü de sitron*
– de naranja	jus d'orange	*dchü dorándch'*
– de pomelo	jus de pamplemousse	*dchü dë panplëmús*
– de tomate	jus de tomate	*dchü de tomát*

■ La carta

> Entremeses

aceituna	olives	*oliv*
– rellenas	olives farcies	*oliv farsí*
alcachofas	artichauts	*artichó*
anchoas	anchois	*anchuá*
aperitivo (bebida alcohólica antes de comer)	apéritif	*aperitif*
arenque	hareng	*arán*
atún	thon	*ton*
caballa	maquereau	*mak'ró*
canapés	canapés	*kanapé*
cangrejo de mar	crabe	*krab*
– de río	écrevisses	*ekrëvís*
caracoles	escargots	*eskargó*
caviar	caviar	*kaviár*
champiñones/ setas	champignons	*chanpiñón*
croquetas	croquettes	*krokét*
empanadillas	friands	*frián*
entremeses variados	hors-d'oeuvre variés	*or-dëvr' varié*
espárragos	asperges	*aspérdch'*
fiambres	assiette anglaise/ charcuterie	*asiét anglés/ charcütëri*
foie-gras	foie-gras	*fuá-gras*
gambas	crevettes	*krëvéts*
jamón serrano	jambon cru (de montagne)	*dchanbón krü (dë montáñ)*
– cocido	jambon blanc	*dchanbón blan*
langostinos	crevettes roses	*krëvét ros*
langosta	langouste	*langúst*
mayonesa	mayonnaise	*mayonés*
mejillones	moules	*mul*
melón	melon	*mëlón*
mortadela	mortadelle	*mortadél*
ostras	huîtres	*üítr'*
paté	pâté	*paté*
pepinillos	cornichons	*kornichón*
pimientos	poivrons	*puavrón*
rábanos	radis	*radí*
salchichón	saucisson	*sosisón*
salmón (ahumado)	saumon (fumé)	*somón fümé*
sardinas	sardines	*sardín*
tortilla	omelette	*om'lét*

› Sopas

caldo	bouillon	*buyón*
consomé	consommé	*konsomé*
sopa de ajo	soupe à l'ail	*sup a lày*
– de cebolla	soupe à l'oignon	*sup a loñón*
– de champiñón	soupe aux champignons	*sup o chanpiñón*
– de espárragos	soupe aux asperges	*sup o-s-aspérdch*
– de judías	soupe aux haricots	*sup o-s-arikó*
– de pescado	soupe de poisson	*sup de puasó*
– de puerros	soupe aux poireaux	*sup o puaró*
– de verduras	soupe aux légumes	*sup o legüm*
juliana	soupe julienne	*sup dchülién*

› Pastas

canelones	cannellonis	*kaneloní*
espaguetis	spaghettis	*spaguetí*
fideos	vermicelles	*vermisél*
lasaña	lasagne	*lasáñ*
raviolis	raviolis	*raviolí*
tallarines	nouilles	*núy*

› Verduras y legumbres

acelga	blettes	*bet*
achicoria	chicorée	*chikoré*
ajo	ail	*áy*
alcachofas	artichauts	*artichó*
alubias	haricots	*arikó*
apio	céleri	*selerí*
arroz	riz	*ri*
berenjena	aubergine	*oberdchín*
berros	cresson	*kresón*
berza	chou	*chu*
brécol	brocolí	*brokolí*
calabacín	courgette	*kurdchét*
cardo	chardon	*kardón*
cebolla	oignon	*oñón*
cebolleta	ciboulette	*sibulét*
champiñón/ seta	champignon	*chanpiñón*
col	chou	*chu*
coles de Bruselas	chou de Bruxelles	*chu dë brüsél*
coliflor	chou-fleur	*chu-flër*

endibias	endives	*andív*
escarola	frisée/scarole	*frisé/skarol*
espinacas	épinards	*epinár*
garbanzos	pois chiches	*puá chich*
guisantes	petits pois	*pëti puá*
habas	féves	*fev*
judías verdes	haricots verts	*arikó ver*
lechuga	laitue	*letü*
lentejas	lentilles	*lantíy'*
lombarda	chou rouge	*chu rudch*
maíz	maïs	*maís*
patatas	pommes de terre	*pom dë ter*
pepino	concombre	*konkónbr'*
perejil	persil	*persíl*
pimientos	poivrons	*puavrón*
puerros	poireaux	*puaró*
rábanos	radis	*radí*
remolacha	betterave	*bet'ráv*
repollo	chou (pommé)	*chu (pomé)*
tomates	tomates	*tomát*
zanahorias	carottes	*karót*

❯ Huevos

al plato	oeufs au plat	*ë o pla*
cocidos	oeufs durs	*ë dür*
con jamón	oeufs au jambon	*ë o dchanbón*
escalfados	oeufs pochés	*ë poché*
fritos	oeufs au plat	*ë o plá*
pasados por agua	oeufs à la coque	*ë a la kok*
revueltos	oeufs brouillés	*ë bruyé*

❯ Ensaladas

– de endibias	salade d'endives	*salád dandív*
– de escarola	salade de scarole	*salád deskaról*
– de lechuga	salade de laitue	*salád dë letü*
– mixta	salade mixte	*salád mikst'*

❯ Pescados y mariscos

almejas	clovisses	*klovís*
anchoas/ boquerones	anchois	*anchuá*
anguila	anguille	*anguíy'*
angulas	civelles	*sivél*

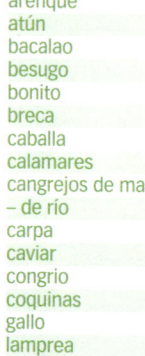

arenque	hareng	*arán*
atún	thon	*ton*
bacalao	morue	*morü*
besugo	daurade	*dorád*
bonito	thon	*ton*
breca	ablette	*ablét*
caballa	maquereau	*mak'ró*
calamares	calamars	*kalamár*
cangrejos de mar	crabe	*krab*
– de río	écrevisse	*ekrëvís*
carpa	carpe	*karp*
caviar	caviar	*kaviár*
congrio	congre	*kongr'*
coquinas	petites clovisses	*pëtít klovís*
gallo	limande	*limánd*
lamprea	lamproie	*lanpruá*
langosta	langouste	*langúst*
langostinos	grosses crevettes/ gambas	*gros krëvét/ gambas*
lenguado	sole	*sol*
lubina	bar	*bar*
lucio	brochet	*broché*
marisco	fruits de mer	*früí dë mer*
mejillones	moules	*mul*
mero	mérou	*mero*
merluza	colin	*kolén*
mújol	mulet	*mülé*
ostras	huîtres	*üitr'*
perca	perche	*perch*
percebes	anatifes	*anatíf*
pescadilla	merlan	*merlán*
pescado	poisson	*puasón*
pez espada	espadon	*espadon*
rape	baudroie	*bodruá*
raya	raie	*re*
róbalo	bar	*bar*
rodaballo	turbot	*türbó*
salmón	saumon	*somón*
salmonete	rouget	*rudché*
sardinas	sardines	*sardín*
tenca	tanche	*tanch*
trucha	truite	*trüít*
vieira	coquille Saint-Jacques	*kokiy'sen-dchak*

> Carnes

ala	aile	*el*
albóndigas	boulettes	*bulét*
aves	volaille	*voláy*
callos	tripes	*trip*
capón	chapon	*chapón*
carne picada	viande hachée	*viand aché*
carnero	mouton	*mutón*
caza	gibier (masc.)	*dchibié*
cerdo	cochon	*kochón*
cerdo	porc	*pork*
chuleta	côtelette	*kotëlét*
chuletón	côte de boeuf	*cot dë bëf*
cochinillo	cochon de lait	*kochón dë le*
codorniz	caille	*káiy'*
conejo	lapin	*lapén*
cordero/ oveja	mouton	*mutón*
escalope (bistec de ternera)	escalope (fem.)	*eskalóp*
faisán	faisan	*fesán*
filete	beefsteak	*bifsték*
ganso	jars	*dchar*
hamburguesa	hamburger	*anbürgër*
hígado	foie	*fuá*
jabalí	sanglier	*sangliyé*
jamón	jambon	*dchanbón*
lengua	langue	*lang*
liebre	lièvre	*lievr'*
mollejas	ris / gésier	*ri / dchesié*
paletilla	épaule (de mouton)	*epól (dë mutón)*
pata	cuisse	*kuís*
pato	canard	*kanár*
pavo	dinde	*dend'*
perdiz	perdrix	*perdrí*
picadillo	hachis	*achí*
pierna (de cordero)	gigot	*dchigó*
pollo	poulet	*pulé*
rabo de buey/ toro	queue de boeuf	*kë dë bëf*
ragú	ragoût	*ragú*
riñones	rognons	*roñón*
rosbif	rostbeef	*rosbíf*
salchichas	saucisses	*sosís*
sesos	cervelle	*servél*

EN EL RESTAURANTE

55

solomillo	filet	*filé*
solomillo de cerdo	filet mignon	*filé miñón*
ternera	veau	*vo*
tocino	lard	*lar*
vaca	boeuf	*bëf*
venado	cerf	*ser*

> Postres

arroz con leche	riz au lait	*ri o le*
budín	pudding	*pudín*
bizcocho	gâteau	*gató*
compota de fruta	compote de fruit	*konpót dë früí*
flan	flan	*flan*
helado	glace (fem.)	*glas*
crepes	crêpes	*krep*
macedonia	salade de fruits	*salad dë fruí*
mousse de café/ chocolate	mousse au café/ au chocolat	*mus o kafé/ o chokolá*
natillas	crème anglaise	*krem anglés*
pastas	petits fours secs	*pëtí fur sec*
pasteles	gâteaux	*gató*
requesón	fromage blanc	*fromadch' blan*
suflé	soufflé	*suflé*
tarta	tarte	*tart*
tarta de chocolate	gâteau au chocolat	*gató o chokolá*

> Frutas

albaricoques	abricots	*abrikó*
almendras	amandes	*amánd*
arándanos	myrtilles	*mirtiy'*
avellanas	noisettes	*nuasét*
cacahuetes	cacahuètes	*kakauét*
calabaza	citrouille	*sitrúy'*
castañas	châtaignes	*chatéñ*
cerezas	cerises	*sërís*
ciruelas	prunes	*prün*
ciruelas pasas	pruneaux (masc.)	*prünó*
dátiles	dattes (fem.)	*dat*
frambuesas	framboises	*franbruás*
fresas	fraises	*fres*
grosellas blancas/ rojas	groseilles blanches/ rouges	*groséy'blanch'/ rudch'*
higos	figues	*fig*

limón	citron	sitrón
mandarina	mandarine	mandarín
manzana	pomme	pom
melocotón	pêche (fem.)	pech
melón	melon	mëlon
membrillo	coing	kuén
moras	mûres	mür
naranja	orange	orándch'
nueces	noix	nuá
nuez de coco	noix de coco	nuá de kokó
pera	poire	puár
piña	ananas (masc.)	ananás
plátano	banane (fem.)	banán
pomelo	pamplemousse	panplëmús
ruibarbo	rhubarbe (fem.)	rübárb
uvas	raisin (masc.)	resén
zarzamora	mûres sauvages	mür sovádch

> ### Quesos

¿Cómo le gustan?	Comment les aimez-vous ?	komán le-s-emé vu
blando	mou	mu
curado	sec/ affiné	sek/ afiné
de untar	fondu	fondü
duro	dur	dür
fresco	frais	fre
queso	fromage	fromádch
rallado	râpé	rapé
tierno	mou	mu
tipo... (Roquefort/ Camembert...)	type... (Roquefort/ Camembert...)	tip... (rokefór/ kamanbér...)

■ La carta de bebidas

> ### Vinos

ácido	acide	asíd
afrutado	fruité	früíté
añejo	vieux	vië
blanco	blanc	blan
bodega	cave	kav
brut	brut	brü
champán	champagne	chapáñ

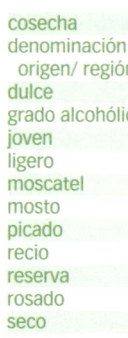

cosecha	cru	*krü*
denominación de origen/ región	appellation d'origine contrôlée (AOC)	*apelasión doridchín controlé (AOC)*
dulce	sucré	*sükré*
grado alcohólico	degré alcoolique	*degré alkolík*
joven	jeune	*dchën*
ligero	léger	*ledché*
moscatel	muscat	*müská*
mosto	moût	*mu*
picado	piqué	*piké*
recio	fort	*for*
reserva	réserve	*resérv*
rosado	rosé	*rosé*
seco	sec	*sek*
suave	doux	*du*
tinto	rouge	*rudch*

> Cervezas

botella de cerveza lata de cerveza	bouteille de bière/ canette de bière	*butéy'dë biér/ kanét dë biér*
cerveza	bière	*biér*
– de barril	bière pression/ demi	*biér presión/ dëmí*
– negra	brune	*brün*
– rubia	blonde/ rousse (ámbar)	*blond/ rus*
vaso/ caña de cerveza	un demi	*ën dëmí*

> Licores

aguardiente	eau-de-vie	*o dë vi*
anís	eau-de-vie anisée/ anisette	*o dë vi anisé/ anisét*
bebida alcohólica	boisson alcoolisée	*buasón alkolisé*
calvados	calvados	*kalvadó*
coñac	cognac	*coñác*
crema de grosellas	crème de cassis	*crém dë casí*
ginebra	gin	*dchin*
licor	liqueur	*likër*
ponche	punch	*ponch*
ron	rhum	*rom*
sidra	cidre	*sidr'*
vermú	vermouth	*vermút*
vodka	vodka	*vodká*
whisky	whisky	*uiskí*

› Bebidas sin alcohol

agua mineral	eau minérale	*o minerál*
– con gas	eau gazeuse	*o gasës*
– sin gas	eau plate	*o plat*
batido	milk-shake	*milk-shek*
bebida	boisson	*buasón*
sin alcohol	sans alcool	*san-s-alkól*
limonada	limonade	*limonád*
naranjada	orangeade	*orandchád*
sirope	sirop	*siróp*
soda	soda	*sodá*
tónica	schweppes	*sueps*
zumo	jus	*dchü*
– de frutas	jus de fruits	*dchü dë früí*
– de limón	jus de citron	*dchü dë sitrón*
– de naranja	jus d'orange	*dchü doránd'*
– de pomelo	jus de pamplemousse	*dchü dë panplëmús*

■ Quejas y reclamaciones

Esto no es lo que yo he pedido.
Ce n'est pas ce que j'ai demandé.
së ne pa së kë dche dëmandé

¿Puede cambiarme esto?
Pourriez-vous me changer cela ?
Purié vu më dchandché sëla

El pescado no está fresco.
Le poisson n'est pas frais.
lë puasón ne pa fre

Este vino está picado.
Ce vin est piqué.
së ven e piké

Esta carne está demasiado hecha.
Cette viande est trop cuite.
set viánd e tro küí

¿Quiere decir al encargado que venga?
Voulez-vous dire au responsable de venir ?
vulé vu dir o responsábl' dë vënír?

Este vino no está bien.
Ce vin n'est pas bon.
së ven ne pa bon

Esta carne está poco hecha.
Cette viande est peu cuite.
set viánd e pë küí

Esto está demasiado salado.
C'est trop salé.
se tro salé

Camarero, he pedido hace mucho rato.
Garçon, j'ai fait ma commande il y a déjà longtemps.
garsón, dche fe ma kománd il i a dedchá lontán

¿Puede cambiarme los cubiertos?
Pourriez-vous changer mes couverts ?
Purié vu dchangé me cuver?

■ La cuenta

Por favor, la cuenta.
S'il vous plaît, l'addition
sil vu ple, ladisión

¿Nos trae la cuenta,
por favor?
L'addition, s'il vous plaît ?
ladisión, sil vu ple?

Todo junto, por favor.
Tout ensemble, s'il vous plaît.
tut ansámbl' sil vu ple

Pagamos por separado.
Nous payons séparément.
nu peyón separemán

Pagamos mitad y mitad.
Nous payons moitié moitié.
nu peyón muatié muatié

Creo que hay un error.
Il me semble qu'il y a une erreur.
il më sanbl' kil i a ün erër

Nosotros no hemos tomado
esto.
Nous n'avons pas pris ceci.
nu navón pa pri sësí

Quédese con la vuelta.
Gardez la monnaie.
gardé la moné

Esto es para Ud.
C'est pour vous.
se pur vu

¿Les ha gustado?
Ça vous a plu ?
sa vu-s-a plü?

La comida ha sido excelente.
Le repas a été excellent.
lë rëpá a eté ekselán

Se ha olvidado poner…
Vous avez oublié d'inclure…
vu-s-avé ublié de denclür…

■ Notas ■

■ Notas ■

medios de transporte

Además de Madrid y Barcelona, otras ciudades españolas están comunicadas con Francia mediante vuelos regulares de diversas compañías. Además de en las agencias de viajes, lo más práctico es informarse de las tarifas en las webs de comparadores de precios o directamente en las páginas de las compañías aéreas.

Por otro lado, las autopistas francesas son unas de las más modernas y seguras de Europa, además de caras. En ellas las indicaciones son muy frecuentes y suficientemente claras. Las estaciones de servicio y las áreas de descanso son abundantes. En cualquier caso se aconseja evitar el uso del coche en las horas punta. En las ciudades se recomienda el uso del transporte público.

España también está comunicada con Francia mediante el ferrocarril, medio de transporte más ecológico que el avión. Algunas ciudades españolas (Madrid, Barcelona) cuentan incluso con líneas de alta velocidad para viajar al país vecino.

Por otro lado, la bicicleta se ha convertido en un medio de transporte bastante utilizado en numerosas ciudades francesas, donde se pueden alquilar por unos pocos días. En los últimos años, muchos ayuntamientos han desarrollado una completa red de carril bici.

A menudo las compañías municipales de transporte urbano o las propias oficinas de turismo ofrecen también este servicio a mejores precios que las empresas particulares.

Para poder entender los letreros, tablas de horarios, etc. en una estación de tren, en un metro o una estación de autobuses, se ofrece un listado de rótulos comunes. Aquellos que son específicos de un medio de transporte se desarrollan en su apartado correspondiente.

Medios de transporte

Vocabulario

aire acondicionado	la climatisation climatisé	*la climatisasión klimatisé*
andén	quai	*ke*
billete	billet	*biyé*
– de ida	billet simple	*biyé senpl'*
– de ida y vuelta	billet aller et retour	*biyé alé e retur*
botiquín (estuche)	trousse à pharmacie	*trus a farmasí*
cancelar el billete	annuler le billet	*anulé lë biyé*
consigna	consigne	*konsíñ*
destino	destination	*destinasión*
hacer transbordo	changer de train	*chandché dë tren*
equipaje	bagage	*bagádch*
equipaje de mano	bagage à main	*bagádch a men*
estación	gare	*gar*
hora	heure	*ër*
horario	horaire	*orér*
línea	ligne	*liñ*
llegada	arrivée	*arivé*
parada	arrêt	*aré*

Rótulos más frecuentes

ARRIVÉE Llegada
ASCENSEUR Ascensor
APPEL Aviso
BILLETS Billetes
CAFETERIA Cafetería
CONSIGNE Consigna
DESTINATION Destino
ENREGISTREMENT Facturación
ENTRÉE Entrada
GUICHETS Taquillas
HEURE Hora
HORAIRE Horario
INFORMATION Información
LIBRE Libre
OCCUPÉ Ocupado

POINT DE RENCONTRE Punto de encuentro
POLICE Policía
PORTE Puerta
POSTE DE SECOURS Botiquín
PRIX Precio
QUAI Andén
RETARD Retraso
RESTAURANT Restaurante
SALLE D'ATTENTE Sala de espera
SORTIE Salida
TABAC Estanco
TÉLÉPHONE Teléfono
TOILETTES Aseos
VENTE DE BILLETS Venta de billetes

pasajero	passager	*pasadché*
procedencia	provenance	*provenáns*
puerta	porte	*port*
retraso	retard	*retár*
subir al tren/autobús	monter dans le train/ dans l'autobus	*monté dan lë tren/ dan lotobüs*
suplemento	supplément	*süplemán*
taquillas	guichets	*guiché*
transbordo	correspondance	*korrespondans*
viajero	voyageur	*vuayadchèr*

■ Autobús y tranvía

Su uso es aconsejable como alternativa al ferrocarril cuando el tren no llega a las pequeñas localidades o zonas de montaña. En cada ciudad importante hay una estación (Gare Routière) donde operan diversas empresas que se reparten los diferentes servicios. Existen tarifas especiales para el uso semanal, para jóvenes y estudiantes y para turistas; muchas veces en combinación con los demás transportes públicos. Lo mejor es informarse en las oficinas de turismo de cada ciudad.

❯ Vocabulario

autobús	autobus	*otobús*
conductor	conducteur	*konduktër*
estación de autobuses	gare routière	*gar rutiér*
revisor	contrôleur	*kontrolër*

¿Dónde está la estación de autobuses?
Où est la gare routière ?
u e la gar rutiér?

¿Dónde puedo coger un autobús?
Oú est-ce que je peux prendre un autobus ?
u es-kë dchë pë prandr'ën otobüs?

¿Qué autobús va a París?
Quel est l'autobus qui va à Paris ?
quel est l'autobüs qui va á parí?

¿Cuándo pasa el próximo autobús para París?
À quelle heure passe le prochain autobus pour Paris ?
a kel ër pas lë prochén otobüs pur parí?

¿Tengo que cambiar de autobús?
Est-ce que je dois changer d'autobus ?
es-kë dchë duá chandché dotobüs?

El número 20.
Le numéro 20.
lë numeró van

¿Va este autobús a París?
Est-ce que cet autobus va à Paris ?
es-ke set otobüs va a parí?

Quiero un billete para Lyon.
Je voudrais un billet pour Lyon.
dchë vudré ën biyé pur lión

¿Cuánto cuesta el billete?
Quel est le prix du billet ?
kel e lë pri dü biyé?

Voy a Toulouse. ¿Puede avisarme cuándo lleguemos?
Je vais à Toulouse. Pourriez-vous m'avertir quand nous arriverons ?
dchë ve-s-a tulús. purié vu mavertír kan nu-s-arivërón?

Rótulos más frecuentes

ARRÊT	Parada
LIGNE	Línea
ARRÊT DEMANDÉ	Parada solicitada

Billetes, por favor.
Billets, s'il vous plaît.
biyét sil vu ple

Pare en la próxima, por favor.
Arrêtez-vous, s'il vous plaît, au prochain arrêt.
areté, sil vu ple, o prochén aré

Déme mi equipaje, por favor.
Donnez-moi mon bagage, s'il vous plaît.
doné-má mon bagádch, sil vu ple

■ Avión

❯ Expresiones de uso más frecuente

abrocharse el cinturón	Attachez vos ceintures	*Ataché vo sentür*
aeropuerto	aéroport	*aeropór*
artículos libres de impuestos	articles libres d'impôts	*artíkl' libr' denpó*
aterrizar	atterrir	*aterír*
azafata	hôtesse de l'air	*otés dë ler*
chaleco salvavidas	gilet de sauvetage	*dchilé dë sov'tádch*
clase turista	classe touriste	*klas turíst*
primera clase	première classe	*premiér klas*
compañía aérea	compagnie aérienne	*konpañí aerién*
despegar	décoller	*dekolé*
equipaje de mano	bagage à main	*bagádch a men*
exceso de equipaje	excédent de bagages	*eksedán de bagádch*
línea aérea	ligne aérienne	*liñ aerién*
paracaídas	parachute	*parachüt*
piloto	pilote	*pilót*
pista de aterrizaje	piste d'atterrissage	*pist daterisádch*
tripulación	équipage	*ekipádch*

❯ Facturación y embarque

¿Dónde está el mostrador de facturación?
Où est le comptoir d'enregistrement ?
u e le comptuár denreyistremént?

Voy a Madrid.
Je vais à Madrid.
ye ve a Madrid

Solo llevo una bolsa de mano.
J' ai seulement un sac à main.
ye port selmánt an sac a man

Quítese los zapatos.
Déchaussez vous.
dechosé vu

Ponga en la bandeja sus objetos personales.
Mettez vos objets personels sur le plateau.
Meté vu vo-s-- obyécts personéls sür le plató

El avión viene con retraso.
L'avion est en retard.
lavión et an retár

¿De qué terminal sale el vuelo?
Quel est le terminal de votre départ ?
Quel e lë terminal dë votr depár?

¿Cuál es la puerta de embarque?
Quelle est la porte d'embarquement ?
Kel e la port dambarquemen?

Quisiera un asiento de ventanilla.
Je voudrais une place côté fenêtre.
ye vudré in plas coté fenétre

¿Tiene retraso el vuelo de Barcelona?
Le vol de Barcelona, a du retard ?
le vol de Bárselon, a du retárd?

Es demasiado grande para equipaje de mano.
Il est trop gros pour être un bagage à main.
il é tro gro pur etre an bagág a man

Rótulos más frecuentes

AÉROPORT Aeropuerto	PORTE D'EMBARQUEMENT Puerta de embarque
AVIÓN Avion	PREMIÈRE CLASSE Clase preferente
BAGAGES Equipaje	
BOUCLEZ VOS CEINTURES Abróchense los cinturones	RÉSERVATIONS D'HÔTEL Reservas de hotel
CHANGE Cambio de moneda	SALLE Sala
CLASSE ÉCONOMIQUE/ TOURISTE Clase turística	SEULEMENT LES PASSAGERS AVEC CARTE 'EMBARQUEMENT Solo pasajeros con tarjeta de embarque
CONTRÔLE DES PASSEPORTS Control de pasaportes	
COMPAGNIE Compañía	NATIONAL/INTERNATIONAL Nacional/Internacional
PASSAGERS sans bagage Pasajeros sin equipaje	

> Quejas y reclamaciones

¿Dónde está la oficina de reclamaciones?
Où est le bureau de réclamations ?
u é le biró de reclamasións?

Quiero poner una reclamación.
Je voudrais faire une réclamation.
ye voudré fer ün reclamasión

Mi maleta no ha llegado.
Ma valise n'est pas arrivée.
ma valís ne pa arrivé

Me han robado el equipaje.
On m'a volé mon bagage.
on má volé mon bagádch

Me han robado el bolso/ la cartera/ la documentación.
On m'a volé mon sac/ mon portefeuille/ mes papiers.
on ma volé mon sac/ mon portfeille/ me papié

Mi maleta ha llegado deteriorada/ abierta.
Ma valise est arrivée abîmée/ ouverte.
ma valís et-arrivé abimé/ uvert

Rellene este formulario.
Remplissez ce formulaire.
ramplisé se formiler

¿Con qué compañía ha volado Ud.?
Avec quelle compagnie vous avez-vous volé ?
avec quel compañí avé vu volé?

> A la llegada

¿Dónde hay una oficina de alquiler de coches?
Où y a-t-il un bureau de location de voitures ?
u y a til an biró de locasion de vuatírs?

¿Dónde está la salida?
Où se trouve la sortie ?
u se truv la sortí?

¿Dónde está la parada de taxis?
Où est l'arrêt de taxis ?
u e larret de taxís?

¿Dónde está la parada de autobuses?
Où est l'arrêt d'autobus
u e larret dotobís?

¿De dónde sale el autobús al centro?
D'où part le bus pour le centre ?
dú par le büs pur lë centre?

Quisiera alquilar una bicicleta.
Je voudrais louer une bicyclette.
ye vudré luer in bisiclét

> Vocabulario

alquiler de bicicletas	location de bicyclettes	*locasión de bisicléts*
alquiler de coches	location de voitures	*locasión de vuatíís*
gasolina	essence	*esans*
kilometraje limitado	kilométrage limité	*kilometrash limité*
llenar el depósito	faire le plein	*fer lë plen*
modelo (marca de coche)	modèle (marque d'une voiture)	*modél (mark din vuatür)*
seguro de coche	assurance de voiture	*asüráns de vuatür*

■ Barco

¿A que hora zarpa el barco para Córcega?
À quelle heure le bateau lève-t-il l'ancre pour Corse ?
a kel ër lë bató lev-t-il lankr' pur kors?

Estoy buscando el camarote 241.
Je cherche la cabine deux cent quarante et un.
dchë cherch' la kabín dë san carant' e ën

Quiero un pasaje para Córcega.
Je voudrais un billet pour Corse.
dchë vudré ën billet pur kors

Quiero un camarote doble.
Je voudrais une cabine double.
dchë voudré ün kabín dubl'

¿Hay un médico a bordo?
Y a-t-il un médecin à bord ?
i a-t-il an med'sén a bord?

Estoy mareado.
J'ai mal au coeur
dche mal au kër

¿A qué hora atracamos en Córcega?
À quelle heure arrivons-nous à Corse ?
a kel ër arivón-nu-s-a kors?

¿Podemos bajar a tierra?
On peut débarquer ?
on pë debarké ?

¿Cuánto tiempo?
Combien de temps ?
konbién de tan?

■ Metro

El metro es la forma más rápida y barata, pero también la más estresante si se utiliza en hora punta, esto es, entre las 8 h y las 10 h y entre las 17 h y las 19 h. Los billetes se venden en las ventanillas y en las máquinas automáticas del metro o en los estancos (tabac).
Independientemente de la distancia recorrida, y siempre que no se salga del recinto, se usa un billete de tarifa única. Los menores de 4 años no pagan billete.
El metro en París cubre casi toda la ciudad y también se puede combinar con los servicios suburbanos (RER). Conviene proveerse de un plano de la red gratuitamente o descargarse la aplicación del sistema de transportes parisino: ratp.fr.

❯ Vocabulario

estación	station	*stasión*
línea	ligne	*liñ*
metro	métro	*metró*
transbordo	changement (de train)	*chandch'mán dë tren*

¿Dónde está la estación de metro más próxima?
Où est la station de métro la plus proche ?
u e la stasión de metró la plü proch'?

Tome la línea 4; haga transbordo en l'Étoile.
Prenez la ligne quatre et vous changez à l'Étoile.
prëné la liñ' catr' e vu chandché a l'étual

¿Va este metro al Louvre?
Ce métro va au Louvre ?
se metró va o luvr'?

Rótulos más frecuentes

CORRESPONDANCE
  Correspondencia
DIRECTION Dirección
LIGNE Línea
MÉTRO Metro
PLAN Plano

¿Cómo puedo llegar a Chatêlet?
Comment fait-on pour aller à Chatêlet ?
komán fe-t-on pur alé a chatelé?

■ Taxi

En Francia un taxi está libre cuando no lleva encendida una lucecita de color naranja por debajo del luminoso blanco que indica taxi parisien. Las paradas de taxi son parecidas a las de los autobuses y están señalizadas con un indicador azul.
El taxímetro va más rápido entre las 19 y las 7 h de la mañana, por lo que los trayectos nocturnos son más caros. Se suelen pedir por teléfono o se toman en las paradas situadas en la calle. Existen suplementos por equipaje, o si el recorrido termina fuera del límite de la ciudad.

¿Dónde está la parada de taxis más cercana?
Où est la station de taxis la plus proche ?
u e la stasión de taksí la plü proch'

Vamos a Montmartre.
Nous allons à Montmartre.
nu-s-alón a montmartr'

Pare aquí, por favor.
Arrêtez-vous ici, s'il vous plaît.
areté-vu isí, sil vu ple

Pare en el número 15, por favor.
Arrêtez-vous au numéro quinze, s'il vous plaît.
areté-vu o numeró 'kens, sil vu ple

¿Cuál es el precio hasta la Place Vendôme?
Quel est le prix jusqu'à la Place Vendôme ?
kel e lë pri dchüská la Place vandóm

Tren

La red ferroviaria en Francia es lo suficientemente extensa como para que apenas queden localidades sin conexión vía tren. Todas las consultas, horarios, precios, etc, son gestionadas por la SNCF. En las grandes ciudades, como París, hay varias estaciones de ferrocarril. Conviene asegurarse de qué estación corresponde al tren que se desea tomar.
El ferrocarril es muy puntual. En muchas líneas circulan los trenes de alta velocidad (TGV), algunas conectadas con España.

> Vocabulario

coche cama	wagon-lit	vagón-lit
– restaurante	wagon-restaurant	vagón-restorán
ferrocarril	chemin de fer	chëmén dë fer
jefe de estación	chef de gare	chef dë gar
litera	couchette	kuchét
puerta del vagón	portière du wagon	portiér dü vagón
revisor	controleur	kontrolër
tren de cercanías	train de banlieue	tren de banlië
– de largo recorrido	train de grandes lignes	tren de grand lîñe
– expreso	train express	tren eksprés
– de alta Velocidad	TGV	tedchevé

> Para pedir información

¿Dónde está la estación de tren?
Où est la gare ?
u e la gar?

¿Qué trenes hay a Niza?
Quels sont les trains pour Nice ?
kel son le tren pur nis?

¿Cuánto cuesta el billete?
Quel est le prix du billet ?
kel e lë pri dü biyé?

¿A qué hora llega el tren a Lyon?
À quelle heure arrive-t-il à Lyon ?
a kel ër arivë-t-il a lión?

¿Qué clase de tren es?
C'est quelle sorte de train ?
se kel sort dë tren?

> Para comprar el billete

Quiero un billete a París en el tren de las 8 h.
Je voudrais un billet pour Paris dans le train de huit heures.
dchë vudré ën biyé pur paguí dan lë tren de üit ër

¿Cuánto paga un niño?
Combien doit-on payer pour un enfant ?
konbién duá-t-on payé pur ën anfán

Quiero reservar dos billetes a París para un adulto y un niño de 2 años.
Je voudrais réserver deux billets pour Paris un pour un adulte et un autre pour un enfant de deux ans.
dchë vudré reservé dë biyé a paguí pur ën adült e pur ën anfan de dës an

¿Hay que hacer transbordo?
Doit-on changer de train ?
duát-t-on chandché dë tren?

Rótulos más frecuentes

ACCÉS AUX QUAIS Acceso a los andenes
BANLIEUE Cercanías
COUCHETTES Literas
FREIN D'URGENCE Freno de emergencia
INTERNATIONAL Internacional
TRAIN Tren
VOIE Vía
WAGON-LIT Coche cama
WAGON-RESTAURANT Vagón restaurante

¿Pasa este tren por Marsella?
Ce train passe par Marseille ?
së tren pas par marseiy'?

¿Cuándo llega el tren de Lille?
À quelle heure arrive le train de Lille ?
a kel ër arív lë tren dë lil?

¿De qué andén sale el tren?
De quel quai part le train ?
dë kel ke par lë tren?

¿A qué andén llega el tren?
Quel est le quai d'arrivée du train ?
kel e lë ke darivé dü tren?

¿Tiene literas?
Ce train a des couchettes ?
së tren a de cuchét

¿Dónde está el vagón núm. 12?
Où est le wagon numéro douze ?
u e lë vagón nümeró dus?

> ### En el vagón

Creo que este es mi asiento.
Je pense que c'est ma place.
dchë pans kë se ma plas

¿Me permite pasar?
Vous permettez ?
vu permeté?

■ Automóvil y moto

> ### En la estación de servicio

aceite	huile	*üíl*
agua destilada	eau distillée	*o distilé*
aire	air	*er*
anticongelante	antigel	*antidchél*
batería	batterie	*bat'rí*
cámara de aire	chambre à air	*chanbr' a er*
depósito de gasolina	réservoir d'essence	*reservuár desáns*
gasóleo	gas-oil	*gasóy*

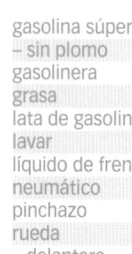

gasolina súper	essence super	*esáns süpér*
– sin plomo	essence sans plomb	*esáns san plon*
gasolinera	station service	*estasión servís*
grasa	graisse	*gres*
lata de gasolina	bidon d'essence	*bidón desáns*
lavar	laver	*lavé*
líquido de frenos	liquide pour les freins	*likíd pur le fren*
neumático	pneumatique	*pnëmatík*
pinchazo	crevaison	*krëvesón*
rueda	roue	*ru*
– delantera	roue avant	*ru aván*
– de repuesto	roue de secours	*ru dë secúr*
– trasera	roue arrière	*ru arriér*

Rótulos más frecuentes

AIRE DE REPOS Área de descanso
ARRÊT Pare
CÉDEZ LE PASSAGE Ceda el paso
CHAUSSÉE RÉTRÉCIE Estrechamiento de calzada
CIRCULATION À SENS UNIQUE Vía de un solo sentido
DANGER Peligro
DESCENTE DANGEREUSE Descenso peligroso
DÉVIATION Desvío
INTERDICTION DE FAIRE DEMI-TOUR Prohibido girar
INTERDICTION DE TOURNER À DROITE/ À GAUCHE Prohibido girar a la derecha/ izquierda
INTERDIT AUX VÉHICULES DONT LE POIDS DÉPASSE… Peso limitado
CROISEMENT/CARREFOUR Cruce
PARKING Aparcamiento
PARKING SURVEILLÉ Aparcamiento vigilado
PASSAGE DE BÉTAIL Paso de ganado

PASSAGE À NIVEAU SANS BARRIÈRE Paso a nivel sin barreras
POLICE Policía
PRUDENCE: RALENTIR Prudencia: reduzca la velocidad
ROULEZ LENTEMENT Conduzca despacio
SANS ISSUE (CHEMIN, RUE, VOIE) Camino/ calle sin salida
SORTIE Salida
STATIONNEMENT INTERDIT Prohibido aparcar
STATIONNEMENT RÉGLEMENTÉ Estacionamiento limitado
TRAVAUX SUR LA CHAUSSÉE Carretera en obras
UNE SEULE VOIE Vía de un solo carril
VIRAGES SUR DEUX KILOMÈTRES Curvas en 2 km
VITESSE LIMITÉE À SOIXANTE KILOMÈTRES HEURE Límite de velocidad 60 km/h

¿A qué distancia está la
gasolinera más próxima?
À quelle distance se trouve la
station service la plus proche ?
*a kel distáns së truv la estasión
servís la plü proch?*

¿En qué dirección?
Dans quelle direction ?
dan kel direksión?

Llénelo, por favor.
Le plein, s'il vous plaît.
lë plan, sil vu ple

Póngame 20 litros de gasolina
súper.
Servez-moi vingt litres de super.
servé-muá ven litr' dë süpér

¿Le importa comprobar la
presión de las ruedas?
Pourriez-vous vérifier la pression
des pneus ?
purié vu verifié la presión de në?

Compruebe también la de
repuesto.
Vérifiez aussi la roue de secours,
s'il vous plaît.
verifié-s-osí la ru dë secur, sil vu ple

¿Tiene agua?
Vous avez de l'eau ?
vu-s-avé dë lo?

Revise la batería, por favor.
Vérifiez la batterie, s'il vous plaît.
verifié la batërí, sil vu ple

Compruebe el nivel del aceite.
Vérifiez le niveau d'huile.
verifié lë nivó d'üíl

Rellénelo.
Remplissez-le.
ranplisé-lë

Cambie el aceite del motor.
Faites la vidange du moteur.
fet la vidándch dü motër

› Aparcamiento y garaje

¿Hay algún aparcamiento
cerca?
Y a-t-il un parking près d'ici ?
i a-t-il ën parkín pre disí?

¿Tienen plazas libres?
Vous avez des places libres ?
vu-s-avé de plas libr'?

¿Cuánto cuesta por hora?
C'est combien l'heure?
sé combián lër?

¿Puedo aparcar aquí?
Est-ce que je peux me garer ici ?
es-kë dchë pë më garé isí?

¿Está vigilado el
aparcamiento?
Le parking est surveillé ?
lë parkín e sürveiyé?

¿Cuánto tiempo puedo dejar el
coche?
Pendant combien de temps je
peux laisser ma voiture ?
*pendán konbién dë tan dchë pë
lesé ma vuatür?*

La máquina no funciona.
¿Puedo pagar en ventanilla?
La machine ne fonctionne pas.
Est-ce que je peux payer au
guichet ?
*la machín në fonsión pa. Es-kë
dchë pë peyé o guiché?*

Rótulos
más frecuentes

COMPLET Completo
ALLEZ/ MONTEZ AU 4 ÉTAGE
Siga a la planta 4

❯ En caso de accidente

He tenido un accidente.
J'ai eu un accident.
dche ü ën aksidán

Ha habido un accidente.
Il y a eu un accident.
il i a ü ën aksidán

¡Llamen una ambulancia!
Appelez une ambulance !
apelé ün anbüláns!

¿Hay algún herido?
Y a-t-il des blessés ?
i a-t-il de blesé?

Por favor, ayúdeme.
Aidez-moi, s'il vous plaît.
edé-muá sil vu ple

No se mueva, esté tranquilo/ a.
Ne bougez pas, restez
tranquille.
në budché pa, resté trankíl

¿Puedo usar su teléfono?
Est-ce que je peux utiliser votre
téléphone ?
es-kë dchë pë-s-ütilisé votr' telefón

¿Necesitan ayuda?
Avez-vous besoin de secours ?
ave vu bësuén dë sekur?

■ Averías, grúa

❯ Vocabulario

avería	panne	*pan*
grúa	voiture dépanneuse	*vuatür depanës*
mecánico	dépanneur	*depanër*
remolcar	remorquer	*rëmorké*
taller	atelier de dépannage	*atëlié dë depanádch*

Mi coche está averiado.
Ma voiture est en panne.
ma vuatür e-t-an pan

¿Pueden enviar una grúa?
Pourriez -vous envoyer une
dépanneuse ?
purié-vu anvuayé ün depanés?

**¿Hay un taller cerca
de aquí?**
Y a-t-il un garage
près d'ici ?
i a-t-il ën garádch pre disí?

¿Pueden enviar un mecánico?
Pourriez-vous envoyer un
dépanneur ?
purié-vu anvuayé ën depanër?

❯ Herramientas

alambre	fil de fer	*fil dë fer*
alicates	pince	*pens*
barra	barre	*bar*
cable	cable	*kabl'*
caja de herramientas	caisse à outils	*kes a utí*
cuerda	corde	*kord*

destornillador	tournevis	turn'vís
embudo	entonnoir	antonuár
gato	cric	krik
linterna	lampe de poche	lanp dë poch
llave de Allen	clé en croix	kle an cruá
llave de bujías	clé à bougies	kle a budchí
llave de estrella	clé à étoile	kle a etuál
llave de tubo	clé à douille	kle a duill'
llave inglesa	clé anglaise	kle anglés
martillo	marteau	martó
palanca	levier	lëvié
tornillo	vis	vis
tuerca	écrou	ekrú

■ En el taller

¿Qué le ocurre al coche?
Qu'est-ce qu'elle a cette voiture ?
kes-kel a set vuatür?

El coche se va hacia la izquierda.
Elle se déporte à gauche.
el depórt a goch

Se calienta mucho.
Elle chauffe.
el chóf

El coche da tirones.
Elle marche par à-coups.
el march par akú

Entra mal la marcha atrás.
La marche arrière ne passe pas.
la march ariér në pas pa

Pierde aceite.
Elle perd de l'huile.
el per dë luíl

Pierde agua.
Elle perd de l'eau.
el per dë lo

Está mal la suspensión.
La suspension n'est pas bonne.
la süspansión ne pa bon

Arranca mal.
La voiture démarre mal.
la vuatúr demár mal

Pierde velocidad.
Elle perd de la vitesse.
el per dë la vités

Consume demasiado.
Elle consomme trop.
el konsom tro

El motor hace ruidos extraños.
Le moteur fait des bruits étranges.
lë motér fe de brüí etrándch'

No entra la tercera marcha.
La troisième ne passe pas.
la truasiém në pas pa

❯ Las piezas del coche

acelerador	accélérateur	akseleratér
aleta	aile	el

alternado	alternateur	*alternatër*
amortiguador	amortisseur	*amortisër*
árbol de levas	arbre à cames	*arbr' a kam*
árbol de transmisión	arbre de transmission	*arbr' dë transmisión*
arranque	démarrage	*demarádch*
asiento	siège	*siedch*
asiento delantero	siège avant	*siedch aván*
asiento trasero	siège arrière	*siedch ariér*
baca	galerie	*gal'rí*
balancín	palonnier	*palonié*
barra de dirección	barre de direction	*bar dë direksión*
batería	batterie	*bat'rí*
biela	bielle	*biel*
bloque de cilindros	bloc de cylindres	*blok dë siléndr'*
bocina	klaxon	*klaksón*
bomba de aceite	pompe à huile	*ponp a üíl*
bomba de agua	pompe à eau	*ponp a o*
bomba de aire	pompe à air	*ponp a er*
bomba de gasolina	pompe à essence	*ponp a esáns*
bombilla	ampoule	*anpúl*
buje	frette	*fret*
bujía	bougie	*budchí*
cable	câble	*kabl'*
caja de cambios	boîte de vitesses	*buát dë vités*
calefacción	chauffage	*chofádch'*
cambio de marchas	levier de vitesses	*levié dë vités*
capó	capot	*capó*
carburación	carburation	*karbürasión*
carburador	carburateur	*karbüratér*
cardán	cardan	*kardán*
carrocería	carrosserie	*karos'rí*
cárter	carter	*kartér*
cerradura de la puerta	serrure de la portière	*serür dë la portiér*
chasi	châssis	*chasí*
chispa	étincelle	*etensél*
cigüeñal	vilebrequin	*vil'brëkén*
cilindro	cylindre	*siléndr'*
cinturón de seguridad	ceinture de sécurité	*sentür de secürité*
compresión	compression	*konpresión*
condensador	condensateur	*kondansatër*
contacto	contact	*kontákt*
correa del ventilador	courroie de ventilateur	*kuruá dë vantilatër*
cortocircuito	court-circuit	*kur-sirküí*
cristal	vitre	*vitr'*
cuentakilómetros	compteur kilométrique	*kontér kilometrík*

culata	culasse	*külás*
delco	delco	*delkó*
depósito de gasolina	réservoir d'essence	*reservuár desáns*
diferencial	différentiel	*diferansiél*
dinamo	dynamo	*dinamó*
dirección	direction	*direksión*
eje delantero	essieu avant	*esië aván*
eje trasero	essieu arrière	*esië ariér*
embrague	embrayage	*anbreyádch*
encendido	eclairage	*eklerádch*
espejo retrovisor	rétroviseur	*retrovisër*
estabilizador	stabilisateur	*stabilisatër*
faro	phare	*far*
faro antiniebla	phare antibrouillard	*far antibruyár*
filtro de aire	filtre à air	*fitr' a er*
freno de mano	frein à main	*fren a men*
freno de pie	frein au pied	*fren o pie*
fusible	fusible	*füsíbl'*
intermitente	clignotant	*kliñotán*
interruptor	interrupteur	*enterüptër*
junta	joint	*dchuén*
limpiaparabrisas	essuie-glace	*esui-glas*
llanta	jante	*dchant*
llave de contacto	clé de contact	*kle dë kontakt*
luz corta/de cruce	feu de croisement/ code	*fë dë cruas'mán/ kód*
luz de situación	feu de position	*fë dë posision*
luz larga	feu de route/ phare	*fë dë rut / far*
marcha	vitesse	*vités*
marcha atrás	marche arrière	*march' ariér*
marcha primera	première vitesse	*prëmiér vités*
matrícula	plaque d'immatriculation	*plak denmatrikülasión*
motor	moteur	*motër*
muelle	ressort	*resór*
neumático	pneu	*pnë*
palanca de marchas	levier de vitesse	*lëvié dë vités*
parabrisas	pare-brise	*par'-bris*
parachoques	pare-chocs	*par'-chók*
parasol	pare-soleil	*par'-soléy*
pedal del acelerador	pédale de l'accélérateur	*pedál dë l' akseleratér*
pedal del freno	pédale frein	*pedál fren*
piloto (luces)	feu arrière	*fë ariér*
pintura	peinture	*pentür*
pistón	piston	*pistón*

puerta	portière	*portiér*
punto muerto	point mort	*puén mor*
radiador	radiateur	*radiatër*
ralentí	ralenti	*ralantí*
rueda de repuesto	roue de secours	*ru dë sëkúr*
suspensión	suspension	*süspansión*
zapata	sabot	*sabó*

> Los trabajos del mecánico

aflojar	desserrer	*deseré*
apretar	serrer	*seré*
cambiar el aceite	faire la vidange	*fer la vidándch*
cambiar los neumáticos	changer les pneus	*dchangé le pnë*
cambiar la luna	changer le pare-brise	*dchangé le parbrís*
desmontar	démonter	*demonté*
limpiar	nettoyer	*netuayé*
montar	monter	*monté*
puesta a punto	mise au point	*mis o puén*
purgar	purger	*purdché*
regular	régler	*reglé*
reparar	réparer	*reparé*
revisar	réviser	*revisé*
soldar	souder	*sudé*

■ Reparaciones del coche

Antes de aceptar un presupuesto es conveniente saber qué le ocurre al automóvil. Igualmente hay que saber qué se paga al abonar la factura. A continuación se ofrecen las reparaciones más frecuentes clasificadas en seis grupos. Se han colocado en primer lugar las frases en francés para facilitar al mecánico su localización.

Para utilizar con provecho este apartado pida al mecánico que le señale la frase adecuada, diciéndole:

¿Puede señalarme en este libro la reparación prevista/realizada?

Voulez-vous me montrer dans ce livre la réparation prévue/realisée ?

> Carburación, refrigeración y escape

Changer la courroie du ventilateur	Cambiar la correa del ventilador
– la pompe à essence	– la bomba de la gasolina
– le silencieux/ le pot d'échappe-	– el silencioso ment silencieux
– le tuyau de l'essence	– el tubo de la gasolina
– la pompe à eau	– la bomba del agua
– la courroie de distribution	– la correa de distribución
Nettoyer le carburateur	Limpiar el carburador
– le filtre à air	– el filtro del aire
– le filtre à essence	– el filtro de la gasolina
– le pot d'échappement	– el tubo de escape
Purger le circuit de refroidissement	Purgar el circuito de refrigeración
Régler le ralenti	Regular el ralentí
Réparer la pompe à essence	Reparar la bomba de gasolina
Tendre la courroie du ventilateur	Tensar la correa del ventilador

> Motor

Changer le joint de culasse	Cambiar la junta de culata
Changer/ Réparer l'arbre à cames	Cambiar/Reparar el árbol de levas
– le cylindre bloc	– el bloque de cilindros
– le carter	– el cárter
– les coussinets de bielle	– los cojinetes de biela
– la culasse	– la culata
– les culbuteurs	– los balancines
– le piston	– el pistón
– les segments	– los segmentos
– le vilebrequin	– el cigüeñal
– les réchauffeurs éléctriques	– los calentadores
Nettoyer/ Changer les bougies	Limpiar/ Cambiar las bujías
– les soupapes	– las válvulas
Réparer le cylindre	Reparar el cilindro

> Electricidad

Il y a une panne éléctrique	Hay un fallo eléctrico
Un voyant s'est allumé	Se ha encendido un aviso
Changer un câble	Cambiar un cable
– le condensateur	– el condensador

– un fusible	– un fusible
Changer la batterie	Cambiar la batería
– la jauge à essence	– el indicador de gasolina
– le moteur de l'essuie-glace	– el motor del limpiaparabrisas
Reviser les raccordements de câbles	Revisar las conexiones de cables
Vérifier le mecanisme des vitres	Revisar el mecanismo de las ventanillas

> ### Embrague, transmisión y dirección

Changer l'antivol	Cambiar el antirrobo
– le câble de l'embrayage	– el cable del embrague
Détendre la pédale de l'embrayage	Aflojar el pedal del embrague
Equilibrer les roues	Equilibrar las ruedas
Changer la cartouche d'huile	Cambiar el aceite del diferencial
Régler la barre de direction	Centrar la barra de la dirección
Réparer le différentiel	Reparar el diferencial
Réparer le disque d'embrayage	Reparar el disco del embrague
Serrer/ Détendre le volant	Apretar/ Aflojar el volante

> ### Frenos y suspensión

Changer le sabot du frein	Cambiar la zapata del freno
– le câble du frein à main	– el cable del freno de mano
Ajouter du liquide de frein	Añadir líquido de freno
Détendre/ Serrer la pédale de frein	Aflojar/ Apretar el pedal del freno
Réparer le tambour de frein	Reparar el tambor del freno
– les disques de frein	– los discos del freno
– les amortisseurs	– los amortiguadores

> ### Carrocería

Changer/ Réparer l'aile	Cambiar/Reparar la aleta
– la cerradura	– le serrure
– le capot	– el capó
– le pare-brise	– el parabrisas
– le pare-chocs	– el parachoques

› El presupuesto y el plazo de la reparación

¿Cuánto me costará la reparación?
Combien coûtera la réparation ?
kombian cuterá la reparasión

Está bien. Arreglen el coche lo más rápidamente posible.
C'est bon. Réparez la voiture le plus tôt possible.
se bon. Reparé la vuatür lë plü to posibl'

¿Cuánto tiempo tardarán?
Combien de temps mettrez-vous ?
konbian dë tan metré vu

¿Han averiguado lo que le pasaba a mi coche?
Avez-vous trouvé la panne de ma voiture ?
Avé vu truvé la pan dë ma vuatür?

Aquí tiene mi póliza de seguro.
Voilà mon assurance.
vualá mon asüráns

¿Puedo dejar el coche aquí unas horas?
Je peux laisser ici la voiture pendant quelques heures ?
dchë pë lesé isí la vuatür pandán kelk-s-ër

› La factura

¿Han arreglado ya el coche?
La voiture est prête ?
la vuatür e prét

¿Puedo pagarle con tarjeta de crédito?
Je peux vous payer par carte ?
dchë pë vu payé par kartk

■ Notas ■

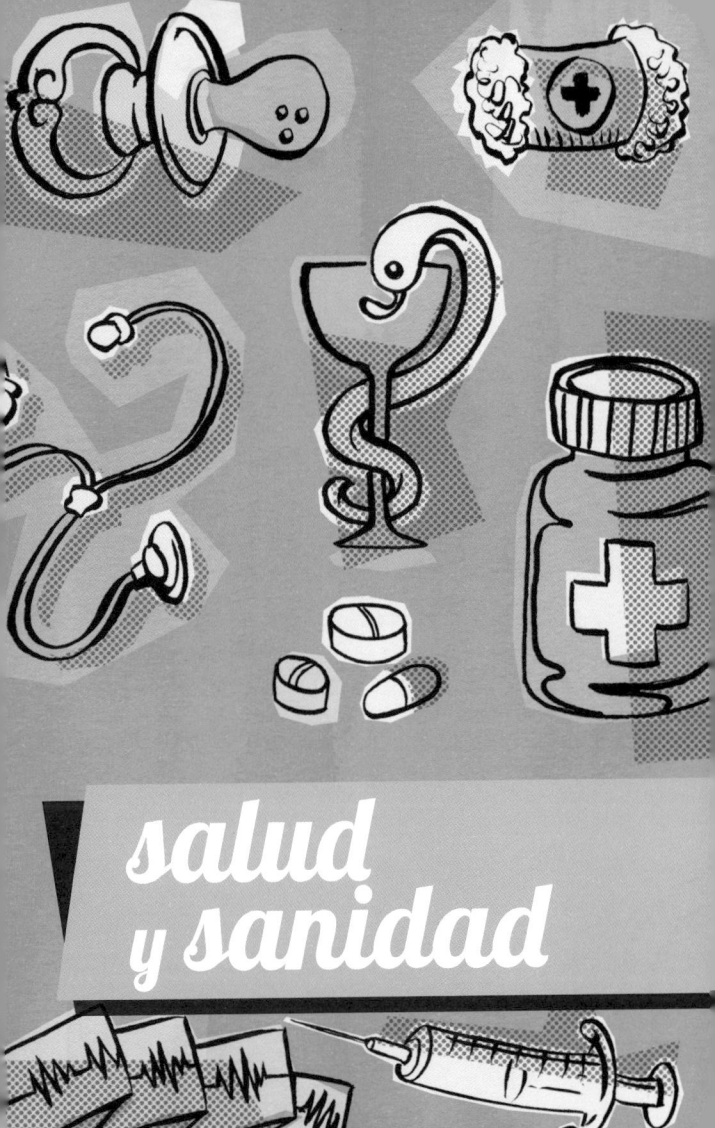

salud
y sanidad

La Tarjeta Sanitaria Europea (TSE) permite a los ciudadanos pertenecientes a la Unión Europea recibir atención médica, de manera gratuita, en cualquier país miembro. En el caso de tener que abonar alguna cantidad, esta siempre será reembolsada cuando se efectúe el regreso al país de origen. La tarjeta se expide en cualquiera de las oficinas de la Seguridad Social en España (www.seg-social.es).

Si necesita asistencia médica, el servicio de urgencias le atenderá. En el caso de no ser ciudadano de la Unión Europea, se recomienda la contratación de un seguro de asistencia médica o médico apropiado desde España. Existen numerosas compañías que ofrecen este servicio, que asegura, entre otros, los riesgos a personas, vehículos y asistencia en viaje. Así, se dispondrá de la atención de un especialista, evacuación o repatriación urgente, consulta médica telefónica las 24 horas, dinero en efectivo en caso de emergencia y otros servicios médicos y legales.
Si se necesitan medicinas, se pueden comprar en farmacias y supermercados, aunque algunas requieren receta médica.

■ Me encuentro mal

¡Llamen urgentemente a un médico!
Appelez tout de suite un médecin !
ap'lé tu dë süit ën med'sén!

¿Pueden avisar a un médico?
Pourriez-vous appeler un médecin ?
purié vus-apelé ën med'sén?

¿Dónde hay un hospital?
Où est l'hôpital ?
u e lopital?

¿Podría venir a la rue Gambetta?
Pourriez-vous venir rue Gambetta ?
pourriez vous venír rü gambetá?

¿Dónde queda la consulta del Dr. Dorange?
Où est le cabinet du docteur Dorange ?
u e lë kabiné dü doctër doranch'?

¿A qué hora pasa consulta?
Quelles sont les heures de consultation ?
kel son lésër de consültasión?

❯ Partes y funciones del cuerpo

abdomen	abdomen	*abdomen*
anginas	angines	*andchín*
antebrazo	avant-bras	*aván-brá*
apéndice	appendice	*apendís*
arteria	artère	*artér*
articulación	articulation	*artikülasión*
axila	aisselle	*esél*
barbilla	menton	*mantón*
bazo	rate	*rat*
boca	bouche	*buch*
brazo	bras	*bra*
cabeza	tête	*tet*
cadera	hanche	*anch*
cara	visage	*visádch*
ceja	sourcil	*sursí*
cerebro	cerveau	*servó*
circulación	circulation	*sirkülasión*
clavícula	clavicule	*klavikül*
codo	coude	*kud*
columna vertebral	colonne vertébrale	*kolón vertebrál*
corazón	coeur	*kër*
costilla	côte	*kot*
coxis	coccyx	*koksís*
cráneo	crâne	*kran*
cuello	cou	*ku*
cuerpo	corps	*cor*

dedo de la mano	doigt de la main	*duá dë la men*
dedo del pie	orteil/ doigt de pied	*ortey/ duá dë pie*
diafragma	diaphragme	*diafrágm*
diente	dent	*dan*
digestión	digestion	*didchestión*
embarazo	grossesse	*grosés*
empeine	cou-de-pied	*ku-dë-pié*
espalda	dos	*do*
estómago	estomac	*estomá*
falange	phalange	*falándch*
frente	front	*fron*
garganta	gorge	*gordch*
glándula	glande	*gland*
heces	selles	*sel*
hígado	foie	*fuá*
hueso	os (plural: o)	*os*
intestino	intestin	*entestén*
labio	lèvre	*levr'*
lengua	langue	*lang*
mandíbula inferior	mandibule/ mâchoire inférieure	*mandibül/ machuár enferiër*
mano	main	*men*
mejilla	joue	*dchu*
menstruación	menstruation	*manstruasión*
muñeca	poignet	*puañé*
músculo	muscle	*müskl'*
muslo	cuisse	*küís*
nalgas	fesses	*fes*
nariz	nez	*ne*
nervio	nerf	*ner*
nuca	nuque	*nük*
oído	ouïe	*uí*
ojo	oeil (plural: yeux)	*ey/ yë*
oreja	oreille	*orey*
orina	urine	*ürín*
orinar	uriner	*üriné*
ovario	ovaire	*ovér*
paladar	palais	*palé*
palma de la mano	paume	*pom*
pantorrilla	mollet	*molé*
párpado	paupière	*popiér*
pecho	poitrine	*puatrín*
pecho (mama)	sein/ poitrine	*sen/ puatrín*
pelo	cheveu	*chëvë*

pelvis	pelvis	*pelvís*
pene	pénis	*penís*
pezón	mamelon	*mam'lon*
pie	pied	*pié*
piel	peau	*po*
pierna	jambe	*dchanb'*
planta del pie	plante du pied	*plant dü pié*
pubis	pubis	*pübís*
pulmón	poumon	*pumón*
respiración	respiration	*respirasión*
riñón	rein	*ren*
rodilla	genou	*dchënú*
rótula	rotule	*rotül*
sangre	sang	*san*
sudar	suer	*süé*
talón	talon	*talón*
tendón	tendon	*tandón*
testículo	testicule	*testikül*
tímpano	tympan	*tenpán*
tobillo	cheville	*chëvíy*
uña	ongle	*ongl'*
útero	utérus	*üterüs*
vagina	vagin	*vagen*
vejiga	vessie	*vesí*
vértebra	vertèbre	*vertébr'*
cervical	cervicale	*servikál*
vértebra dorsal	vertebre dorsale	*vertébr' dorsál*

❯ Enfermedades, síntomas y fracturas

alergia	allergie	*alerdchí*
amigdalitis	amygdalite	*amigdalít*
anemia	anémie	*anemí*
apendicitis	appendicite	*apendisít*
artritis	arthrite	*artrít*
asma	asthme	*asm'*
ataque cardíaco	crise cardiaque	*kris kardiák*
bronquitis	bronchite	*bronchít*
calambres	crampes	*kranp*
cálculo	calcul	*kalkül*
cáncer	cancer	*kansér*
catarro	rhume	*rum*
ciática	sciatique	*siatík*
cólico	colique	*kolík*
colitis	colite	*kolít*

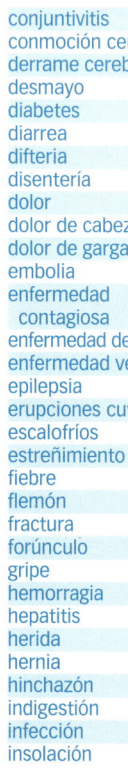

conjuntivitis	conjonctivite	konjonktivít
conmoción cerebral	commotion cérébrale	konmosión cerebrál
derrame cerebral	épanchement cérébral	epanch'man serebrál
desmayo	evanouissement	evanuis'mán
diabetes	diabète	diabét
diarrea	diarrhée	diaré
difteria	diphtérie	difterí
disentería	dysenterie	disant'rí
dolor	douleur	dulër
dolor de cabeza	mal à la tête	mal a la tet
dolor de garganta	mal à la gorge	mal a la gordch'
embolia	embolie	anbolí
enfermedad contagiosa	maladie contagieuse	maladí kontadchiës
enfermedad de la piel	maladie de la peau	maladí dë la po
enfermedad venérea	maladie vénérienne	maladí venerién
epilepsia	épilepsie	epilepsí
erupciones cutáneas	éruptions cutanées	erüpsión kütané
escalofríos	frissons	frisón
estreñimiento	constipation	konstipasión
fiebre	fièvre	fievr'
flemón	abscès	absé
fractura	fracture	fraktür
forúnculo	furoncle	fürónkl'
gripe	grippe	grip
hemorragia	hémorragie	emoradchí
hepatitis	hépatite	epatít
herida	blessure	blesür
hernia	hernie	erní
hinchazón	gonflement	gonfleman
indigestión	indigestion	endidchestión
infección	infection	enfeksión
insolación	insolation/ coup de soleil	ensolasión/ ku dë soléy
insomnio	insomnie	ensomní
intoxicación	intoxication	entoksikasión
jaqueca	migraine	migrén
lumbago	lumbago	lunbagó
luxación	luxation	luksasión
mareo	mal au coeur	mal o kër
náuseas	nausées	nosé
neumonía	pneumonie	pnëmoní
parálisis	paralysie	paralisí
piedras en el riñón	calculs rénaux	kalkül renó
pulmonía	pneumonie	pnëmoní

presión sanguínea	pression sanguine	*presión sanguín*
quemadura	brûlure	*brülür*
resfriado	rhume/ refroidissement	*rüm/ rëfruadis' mán*
reúma	rhumatisme	*rümatísm*
ronquera	enrouement	*anrumán*
rubéola	rubéole	*rübeól*
sarampión	rougeole	*rudchól*
sida	sida	*sidá*
sífilis	syphilis	*sifilís*
supuración	suppuration	*süpürasión*
tétanos	tétanos	*tetanós*
tifus	typhus	*tifüs*
torcedura	entorse	*antórs*
tortícolis	torticolis	*torticolí*
tos	toux	*tu*
tosferina	coqueluche	*kokëlüch*
tuberculosis	tuberculose	*tüberkülós*
tumor	tumeur	*tümër*
úlcera de estómago	ulcère (masc.) à l'estomac	*ülsér a lestomá*
urticaria	urticaire	*urtikér*
varicela	varicelle	*varisél*
variz	varice	*varís*
viruela	variole	*variól*
vómitos	vomissements	*vomis'mán*

■ En la consulta del médico

❯ ¿Qué le ocurre?

Me duele la cabeza.
J'ai mal à la tête.
dche mal a la tet

Me duele aquí.
J'ai mal ici.
dche mal isí

Me siento mal.
Je me sens mal.
dchë më san mal

Soy alérgico/ a.
Je suis allergique.
dchë süí-s-alergík

Creo que me he roto la mano.
Je crois que je me suis cassé la main.
dchë kruá kë dche me suis kasé la men

Soy diabético/ a.
Je suis diabétique.
dchë süí diabetík

Estoy embarazada.
Je suis enceinte.
dchë süí-s-ansént'

Siento náuseas.
J'ai des nausées.
dche de nosé

❯ Preguntas del médico

¿Qué le pasa?
Qu'avez-vous ?
kavé vu?

¿Dónde le duele?
Où est-ce que vous avez mal ?
u es-kë vu-s-avé mal?

¿Desde cuándo le duele?
Depuis quand ça vous fait
mal ?
dëpüí kan sa vu fe mal?

Voy a hacerle un
reconocimiento.
Je vais vous ausculter.
dchë ve vu-s-oscülté

Desvístase, por favor.
Déshabillez-vous, s'il vous plaît.
desabiyé vu sil vu ple

Enséñeme la herida.
Montrez-moi la blessure.
montré-muá la blesür

Respire hondo. Expire.
Respirez profondément. Expirez.
respiré profondemán; ekspiré

Tosa. Saque la lengua.
Toussez. Montrez votre langue.
tusé; montré votr' lang

❯ El diagnóstico

No es nada grave.
Ce n'est pas grave.
së ne pa grav

Tiene Ud. una infección.
Vous avez une infection.
vu-s-avé ün enfeksión

Ha tenido un amago de infarto.
Vous avez eu un début
d'infarctus.
vu-s-avé ü ën début d'enfartüs

Está Ud. muy bien.
Vous allez très bien.
vu-s-alé tre bién

Tiene Ud. una distensión
muscular.
Vous avez un claquage
musculaire.
*vu-s-avé ën klakádch
müskülér*

Sufre un shock nervioso.
Vous souffrez un choc
nerveux.
vu sufré ën chok nervë

❯ El tratamiento

Tiene que guardar cama
durante dos días.
Vous devez rester au lit pendant
deux jours.
*vu dëvé resté o li pandán deux
dchur*

No debe fumar.
Vous ne devez pas fumer.
vu në devé pa fumé

No conviene que salga de viaje.
Il n'est pas recommandé que
vous partiez en voyage.
*il ne pa rekomandé kë vu partié-
s-an vuayádch*

Voy a ponerle un calmante.
Je vais vous administrer un
calmant.
*dchë ve vu-s-administré ën
kalmán*

Debe usted descansar.
Vous devez vous reposer.
Vu devé vu reposé

Debe usted acudir a un hospital.
Vous devez aller à l'hôpital.
Vu devé allé a lopital

■ En el dentista

Tengo un flemón.
J'ai un abscès.
dchë ën absé

Tengo una muela picada.
J'ai une carie.
dchë ün carí

Se me ha roto una muela.
Je me suis cassé une dent.
dchë me suí casé ün dan

Se me ha caído un empaste.
J'ai perdu un plombage.
dchë perdü an plombach'

❯ Vocabulario

anestesia	anesthésie	*anestesí*
caries	carie	*karí*
colmillo	canine	*kanín*
dentadura	dentition	*dantisión*
dentadura postiza	dentier/ fausses dents	*dantié/ fos dan*
dentista	dentiste	*dantíst*
dolor de muelas	mal aux dents	*mal o dan*
empastar	plomber	*plombé*
encía	gencive	*dchansív*
flemón	abcès	*absé*
infección	infection	*anfesción*
muela del juicio	dent de sagesse	*dan dë sadchés*
nervio	nerf	*ner*
prótesis	prothèse	*protés*
puente	bridge	*briddch'*
raíz	racine	*rasín*
sacar/ extraer	extraire	*ekstrér*
sarro	tartre	*tartr'*

■ En la farmacia

¿Hay alguna farmacia de guardia cercana?
Y a-t-il une pharmacie de garde près d'ici ?
i a-t-il ün farmasí dë gard pre disí?

¿Puede darme algo para el mareo? (en un barco)
Pourriez-vous me donner quelque chose pour le mal de mer ?
purié vu më doné kelk chos pur lë mal dë mer?

¿Puede darme este medicamento?
Pouvez-vous me donner ce médicament ?
puvé vu më doné së medikamán?

¿Necesito receta para este medicamento?
J'ai besoin d'une ordonnance pour ce médicament ?
dche bësuán dün ordonáns pur së medikamán?

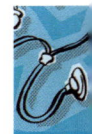

SALUD Y SANIDAD

93

> Vocabulario

agua oxigenada	eau oxigénée	o oksidchené
alcohol	alcool	alkól
algodón	coton	kotón
analgésico	analgésique	analdchesík
antibiótico	antibiotique	antibiotik
antipirético	antipyrétique	antipiretík
aspirina	aspirine	aspirín
bicarbonato	bicarbonate	bikarbonát
botiquín (estuche)	trousse à pharmacie	trus a farmasí
callicida	coricide	korisíd
compresas	compresses	konprés
coagulante	coagulant	koagülán
dentífrico	dentifrice	dantifrís
desinfectante	désinfectant	desenfektán
esparadrapo	sparadrap	sparadrap
gasas	gazes	gas
glucosa	glucose	glükós
gotas para los oídos	gouttes pour les oreilles	gut pur le-s-oréy
gotas para los ojos	gouttes pour les yeux	gut pur le-s-yë
inyección	piqûre	pikür
insulina	insuline	ensülín
jarabe	sirop	siró
jeringuilla	seringue	seréng
lavativa	lavement	lav'mán
laxante	laxatif	laksatif
linimento	liniment	linimán
loción contra insectos	lotion contre les piqûres d'insectes	losión kontr' lë pikür d' ensékt'
pastillas	cachets/ comprimé	kaché/ comprimé
pomada para cortes	pommade pour cicatriser	pomád pur sicatrisé
pomada para quemaduras	pommade pour brûlures	pomád pur brülür
preservativo	préservatif	preservatíf
receta	ordonnance	ordonáns
sedante	calmant/ sédatif	kalmán/ sedatíf
somnífero	somnifère	somnifér
suero fisiológico	sérum physiologique	seróm fisiolodchík
supositorio	suppositoire	süpposituár
tampones	tampons	tanpón
termómetro	thermomètre	termométr'
vaselina	vaseline	vas'lín
vendas	bandages	bandádch'
vitaminas	vitamines	vitamí

■ Emergencias

¡Ayúdeme, por favor!
Aidez-moi, je vous en prie !
edé muá, dchë vu-s-an pri!

¡Busquen un médico!
Allez chercher un docteur !
alé cherché ën doktér!

¡Cuidado!
Attention !
atansión!

Estoy enfermo.
Je suis malade.
dchë süi malád

Estoy herido.
Je suis blessé.
dchë süi blesé

¡Dése prisa!
Dépêchez-vous !
depeché-vu!

Ha habido un accidente.
Il s'est produit un accident.
il se prodüí ën aksidán

¡Llamen a una ambulancia!
Appelez une ambulance !
apelé ün anbüláns!

¡Llamen a los bomberos!
Appelez les pompiers !
apelé le ponpié!

Lléveme a un hospital, por favor.
Enmenez-moi à l'hôpital.
Anmené muá a lopital s'il vu plé

■ Notas ■

compras
y servicios

En las ciudades más importantes suele haber sucursales de los mundialmente famosos almacenes de París.

Bajo las vidrieras Art Nouveau, estos grandes almacenes se han convertido en monumentos ineludibles de la ciudad. Repartidos a lo largo del boulevard Haussmann, constituyen en sí mismos una auténtica ciudad dentro de la ciudad. A estos, hay que añadir los grandes almacenes de la rue Rive Gauche (Le Bon Marché). Otras galerias comerciales destacables son Galeries Lafayette y Printemps. En París, todas las compras pueden ser satisfechas: moda, decoración, cosmética, ocio o restauración.

También existen tiendas especializadas para el viajero donde se venden artículos libres de impuestos. Para la obtención de estos descuentos hay que demostrar que no se es residente en el país.

Entre los artículos que los visitantes suelen comprar en Francia destacan: porcelanas (Limoges, Sèvres), antigüedades, tejidos, confección, obras de arte, perfumería, cosmética, pieles sintéticas, bisutería, joyería, *souvenirs,* quesos, patés, charcutería, etc. Existen diversas tiendas que venden artículos sin etiqueta o de colecciones ya pasadas con un descuento considerable.

También los centros comerciales se han convertido hoy día en todo un lugar de ocio, ya que en ellos se pueden concentrar tiendas, restaurantes, cines, etc.

Si bien el pago con tarjeta de crédito se acepta en la inmensa mayoría de los comercios, es necesario tener siempre algo de dinero en efectivo en el bolsillo para las pequeñas compras (un croissant, el periódico del día...).

■ Buscando una tienda

¿Hay por aquí una tienda de antigüedades?
Est-ce qu'il y a un antiquaire par ici ?
es kil i a ën antiker par isí

¿Hay por aquí una librería?
Est-ce qu'il y a une librairie par ici ?
es kil i a ün libr'rí par isí?

¿Puede recomendarme una buena joyería?
Pouvez-vous me conseiller une bonne bijouterie ?
puvé vu më konseyé ün bon bidchut'rí?

¿Dónde está la zona comercial?
Où se trouve le quartier commerçant ?
u së truv le kartié commersant?

▶ Tipos de establecimientos

bazar	bazar	*basár*
bodega	cave	*kav*
boutique	boutique	*butík*
camisería	chemiserie	*chëmis'rí*
carnicería	boucherie	*buch'rí*
charcutería	charcuterie	*charküt'rí*
comercio	commerce	*komérs*
confecciones	magasin de confection	*magasén de konfeksión*
confitería	confiserie	*konfis'rí*
droguería	droguerie	*drog'rí*
estanco	bureau de tabac	*buró dë tabá*
farmacia	pharmacie	*farmasí*
ferretería	quincaillerie	*kinkay'rí*
floristería	fleurs/ fleuriste/ marchand de fleurs	*flër/ flëríst/ marchán de flër*
frutería	marchand de fruits et légumes	*marchán de fruí e legüm*
grandes almacenes	grands magasins	*gran magasén*
joyería	bijouterie/ joaillerie	*bidchut'ri/ dchoay'rí*
juguetería	magasin de jouets	*magasén dë dchué*
lavandería	blanchisserie	*blanchis'rí*
lechería	laiterie/ crémerie	*let'rí/ krem'rí*
lencería	lingerie	*lendch'rí*
librería	librairie	*libr'rí*
mercadillo	petit marché	*pëti marché*
mercado	marché/ halle	*marché/ al*
mercería	mercerie	*mers'rí*
óptica	opticien	*optisién*

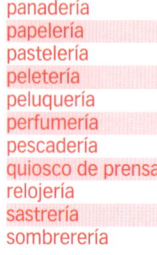

panadería	boulangerie	*bulandch'rí*
papelería	papeterie	*papët'rí*
pastelería	pâtisserie	*patis'rí*
peletería	magasin de fourrures	*magasén dë furür*
peluquería	salon de coiffure	*salón de kuafür*
perfumería	parfumerie	*parfüm'rí*
pescadería	poissonnerie	*puason'rí*
quiosco de prensa	kiosque à journaux	*kiosk a dchurnó*
relojería	horlogerie	*orlodch'rí*
sastrería	boutique de tailleur	*butík dë tayër*
sombrerería	chapellerie/ magasin de chapeaux	*chapel'rí/ magasén dë chapó*
supermercado	supermarché	*süperm arché*
tienda	magasin	*magasén*
– de alimentación	– d'alimentation/ épicerie	*dalimentasión/ epis'rí*
– de antigüedades	– d'antiquités	*dantikité*
– de artesanía	– de produits artisanaux	*dë prodüit artisanó*
– de artículos de regalo	boutique de cadeaux	*butík dë kadó*
– de cerámica	– de céramique	*dë seramík*
– de deportes	– de sports/ sports	*dë spor/ spor*
– de electricidad	– d'électricité	*delektrisité*
– de electrodomés-ticos	– d'appareils électroménagers	*daparéy elektromenadché*
– de fotografía	– de photographie	*dë fotografí*
– de lámparas	– de lampes	*dë lanp*
– de muebles	– de meubles	*dë mëbl'*
– de objetos de arte	– d'objets d'art	*dobdché dar*
– de recuerdos	– de souvenirs	*dë suv'nír*
– de regalos	boutique de cadeaux	*butík dë kadó*
– de vinos	– de vins/ cave	*dë ven/ kav*
tintorería	teinturerie	*tentür'rí*
verdulería	boutique de légumes	*butík dë legüm*
zapatería	magasin de chaussures	*magasén dë shosür*

■ En la tienda

Buenos días, ¿qué desea?
Bonjour, que désirez-vous ?
bondchúr kë desiré vu?

¿Tienen leche?
Avez-vous du lait ?
avé vu dü lé?

Lo siento, no tenemos.
Je regrette, nous n'en avons pas.
dchë rëgrét, nu nan-avón pa

Quiero un reloj.
Je voudrais une montre.
dchë vudré-s-ün montr'

Rótulos más frecuentes

CAISSE Caja
CAISSE CENTRALE Caja central
ETAGE Piso/ planta
LIQUIDATION Liquidación
PRIX Precio
RABAIS/ SOLDES Rebajas
CABINE D'ESSAYAGE Probadores

¿Dónde están los quesos?
Où sont les fromages ?
u son le fromádch'?

¿Dónde está la sección de ropa?
Où est le rayon vêtements ?
u e lë reyón vet'mán?

Quiero una camisa.
Je voudrais une chemise.
dchë vudré ün chëmís

Quiero un kilo de manzanas.
Je voudrais un kilo de pommes.
dchë vudré ën kiló de pom

Por favor, póngame algo más.
S'il vous plaît, un peu plus.
sil vu ple, ën pë plü

Son demasiados.
Il y en a trop.
il i an-a tro

Quiero una bolsa de papel.
Je voudrais une poche/ sac (en papier).
dchë vudré ën poch/ sak dë papié

Quiero una bolsa de plástico.
Je voudrais une poche/ sac en plastique.
dchë vudré ën poch/ sak dë plastík

Vocabulario

botella	bouteille	*butéy*
caja	boîte	*buát*
frasco	flacon	*flakón*
gramo	gramme	*gram*
kilo	kilo	*kiló*
lata	boîte de conserve	*buát de konsér*
litro	litre	*litr'*
loncha	tranche	*tranch'*
metro	mètre	*metr'*
paquete	paquet	*paké*
media docena	demi-douzaine	*dëmi dusén*
un par	une paire	*ün per*
unos pocos	quelques/ uns/ unes	*kelke/ ën/ ün*
porción	morceau	*morsó*
puñado	poignée	*puañé*
rebanada	tranche	*tranch'*
rollo	rouleau	*ruló*
tubo	tube	*tüb*

❯ Para elegir

Enséñeme aquel de allí.
Montrez-moi celui qui est là.
montré muá sëlüï ki e la

Enséñeme ese de la estantería.
Montrez-moi celui de l'étagère.
montré muá sëlüï dë letadchér

Deme el del escaparate.
Donnez-moi celui de la vitrine.
doné muá sëlüï dë la vitrín

Es demasiado caro.
C'est trop cher.
se trop cher

No, prefiero aquel.
Non, je préfère celui-là.
non, dchë prefér sëlüilá

Es demasiado estrecho.
C'est trop serré.
se trop seré

¿No tiene algo en otro color?
N'avez-vous pas quelque chose
dans une autre couleur ?
*navé vu pa kelk chos dan-s-ün
otr' kulér?*

Es demasiado oscuro.
C'est trop foncé.
se trop fonsé

Es suficiente.
C'est suffisant.
se süfisán

Quiero una camisa de buena
calidad.
Je voudrais une chemise de
bonne qualité.
*dchë voudrais ün chemís-dë
bon kalité*

¿Tiene garantía?
C'est garanti ?
se garantí?

Está demasiado verde/
maduro.
C'est trop vert/ mûr.
se tro ver/ tro mür

Está bien así.
C'est bien comme ça.
se bién kom sa

Me gusta, me lo llevo.
Ça me plaît, je le prends.
sa më ple, dchë lë pran

❯ Vocabulario

ajustado	cintré	*santré*
amplio	ample	*anpl'*
ancho	large	*lardch'*
barato	pas cher/bon marché	*pa cher/bon marché*
bonito	joli	*dcholí*
bueno	bon	*bon*
calidad	qualité	*kalité*
caro	cher	*cher*
claro	clair	*kler*
corto	court	*kur*
delgado	mince	*mens*
estrecho	étroit	*etruá*
feo	vilain/ laid	*vilén/ le*
fresco	frais	*fre*
grande	grand	*gran*

gordo	gros	*gro*
largo	long	*lon*
ligero	léger	*ledché*
maduro	mûr	*mür*
malo	mauvais	*mové*
material	matériel	*matériél*
oscuro	sombre	*sombre*
pasado	passé	*pasé*
pequeño	petit	*pëtí*
pesado	lourd	*lur*
verde	vert	*ver*

> El precio

¿A cómo está el kilo de manzanas?
C'est combien le kilo de pommes ?
c'est konbién lë kiló dë pom?

¿Cuánto vale ese libro?
Combien coûte ce livre ?
konbién kút së livr'?

Cuesta 100 euros.
Cent euros.
san ëgó

Cuesta 23 euros.
Ça fait vingt-trois euros.
Sa fe vantruá ëgó

> Envíos a domicilio

¿Sirven pedidos a domicilio?
Vous livrez à domicile ?
vu livrez a domisíl?

¿Pueden enviarlo a esta dirección?
Vous pouvez l'envoyer à cette adresse ?
vu puvé lanvuayé a set adrés?

¿Tengo que dejar una señal?
Est-ce que je dois laisser des arrhes ?
es-kë dchë duá lesé des ar?

¿Es suficiente con esto?
Ça suffit ?
sa sufí?

> A la hora de pagar

¿Aceptan tarjetas de crédito?
Vous acceptez les cartes de crédit ?
vu asepté le kart dë kredí?

No señor. Solo aceptamos dinero efectivo.
Non monsieur. Seulement du liquide.
no mësië. sël'mán dë likíd

¿Dónde pago?
Où est-ce que je paie ?
u es-kë dchë pe?

Pase por caja.
Payez à la caisse.
peyé a la kes

¿Puede darme un recibo?
Vous pourriez me donner un reçu ?
vu purié më doné ën rësü?

Creo que hay un error en la cuenta.
Il me semble qu'il y a une erreur sur cette note.
il më sanbl' kil i a ün erër dans set not

■ Alimentación

> Vocabulario

aceite	huile	*üil*
aceitunas	olives	*oliv*
ajo	ail	*ay*
agua	eau	*o*
almendras	amandes	*amánd*
anchoas	anchois	*anchuá*
arroz	riz	*ri*
azúcar	sucre	*sükr'*
bebidas con/ sin alcohol	boissons alcoolisées/ sans alcool	*buasón alkolisé/ san-s-alkól*
berberechos	coques	*kok*
bocadillo	sandwich	*sanwich*
bonito	thon	*ton*
cacahuetes	cacahuètes	*cacauet*
café	café	*kafé*
caramelos	bonbons	*bonbón*
carne	viande	*viánd*
cebollas	oignons	*oñón*
cerezas	cerises	*sëris*
champiñón	champignon	*chanpiñón*
chocolate	chocolat	*chokolá*
ciruelas	prunes	*prün*
coliflor	chou-fleur	*chu flër*
congelados	congelés/ surgelés	*kondchëlé/ surdchëlé*
conservas	conserves	*konsérv'*
embutido	charcuterie	*charküt'rí*
espaguetis	spaghettis	*spagueti*
espárragos	asperges	*aspérdch'*
fiambres	charcuterie	*charküteri*
fresas	fraises	*fres*
fruta	fruit	*früi*
galletas	petits gâteaux secs	*pëtí gató sec*
gambas	crevettes	*krëvét*
guisantes	petits pois	*pëtí puá*
huevos	oeufs	*ë*
jamón de York	jambon blanc	*dchanbón blan*
jamón serrano	jambon de montagne/ cru/ sec	*dchanbón de montáñ/ krü/ sec*
judías	haricots	*arikó*
leche	lait	*le*
lechuga	laitue	*letú*

legumbres	légumineuses	*legúm sec*
licor	liqueur	*liquèr*
imones	citrons	*sitrón*
macarrones	macaronis	*makaroní*
mandarina	mandarine	*mandarín*
manzanas	pommes	*pom*
mariscos	fruits de mer	*früi dë mer*
mayonesa	mayonnaise	*mayonés*
melón	melon	*mëlón*
melocotón	pêche	*pech*
mermelada	confiture	*confitür*
naranjas	oranges	*orándch'*
pan	pain	*pen*
pastas	petits gâteaux	*pëtí gató*
patatas	pommes de terre	*pom dë ter*
patatas fritas	frites	*frit*
paté	pâté	*paté*
pepinillos	cornichons	*kornichón*
pepino	concombre	*konkónbr'*
peras	poires	*puár*
pescado	poisson	*puasón*
piña	ananas	*ananá*
pimiento verde	poivron vert	*puavrón ver*
plátano	banane	*banán*
pollo	poulet	*pulé*
pomelo	pamplemousse	*panpl'mús*
puré	puré	*puré*
queso	fromage	*fromádch'*
sal	sel	*sel*
salsa	sauce	*sos*
salchichas	saucisses	*sosís*
salchichón	saucisson	*sosisón*
sandía	pastèque	*pasték*
sardinas	sardines	*sardín*
sopa	soupe	*sup*
té	thé	*te*
tomates	tomates	*tomát*
uvas	raisin	*resén*
verduras	légumes verts	*legúm ver*
vinagre	vinaigre	*vinégr'*
vino	vin	*van*
-blanco	blanc	*blan*
-tinto	rouge	*rudch*
yogur	yaourt	*yaúrt*
zanahoria	carotte	*karót*

■ En el estanco

Déme un paquete de Gitanes.
Un paquet de Gitanes, s'il vous plaît.
ën paké dë gitanes, sil vu ple

¿Tiene tabaco rubio?
Avez-vous des blondes ?
avé vu de blon?

Una caja de cerillas, por favor.
Une boîte d'allumettes, s'il vous plaît.
ün buát dalumét, sil vu ple

¿Me da fuego, por favor?
Vous auriez du feu, s'il vous plaît ?
vous orié dü fë, sil vu ple?

Déme tabaco de pipa, por favor.
Du tabac à pipe, s'il vous plaît.
dü tabá a pip, sil vu ple

¿Está prohibido fumar?
Il est interdit de fumer ?
Il e enterdí de fümé?

❯ Expresiones de uso más frecuente

bajo en nicotina	light	*lait*
boquilla	porte-cigarrettes/ filtre	*port-sigarét/ filtr'*
caramelos mentolados	bonbons à la menthe	*bonbón a la mant*
cartón	cartouche	*kartúch*
cerillas	allumettes	*alümét*
cigarrillo	cigarette	*sigarét*
cigarrillo con filtro	cigarette avec filtre	*sigarét avek filtr'*
cigarrillo mentolado	cigarette mentholée	*sigarét mantolé*
cigarrillo sin filtro	cigarette sans filtre	*sigarét san filtr'*
encendedor	briquet	*briké*
fuerte	fort	*for*
gas	gaz	*gas*
gasolina	essence	*esáns*
marca de cigarrillos/ de tabaco	marque de cigarettes/ de tabac	*mark dë sigarét/ dë tabá*
papel de liar	papier à cigarettes	*papié a sigarét*
paquete	paquet	*paké*
pipa	pipe	*pip*
pitillera	étui à cigarettes	*etüí a sigarét*
puro	cigare	*sigár*
suave	doux	*du*
tabaco de liar	tabac à rouler	*tabá-k-a rulé*
tabaco de pipa	tabac à pipe	*tabák a pip*
tabaco negro	tabac brun	*tabá brën*
tabaco rubio	tabac blond	*tabá blon*

■ Ferretería

Durante los viajes, una gran parte de los artículos que se compran en las ferreterías suele estar relacionada con el automóvil. Si es ese el caso, consúltese la sección de herramientas en el apartado dedicado al automóvil.

¿Puede Ud. hacerme una copia de esta llave?
Pourriez-vous me faire une copie de cette clé ?
purié vu më fer ün kopí dë set kle

¿Tiene Ud. una llave de Allen?
Avez-vous une clé en croix ?
avé vu ün kle an cruá?

❯ Vocabulario

cazuela	casserole	*kas'ról*
cerradura	serrure	*serür*
cubiertos	couverts	*kuvér*
fiambrera	boîte à déjeuner	*buat a dedchëné*
llave	clé	*kle*
parrilla	gril	*gri*
puntas	clous/ pointes	*klu/ puánt*
sartén	poêle	*poél*

■ Floristería

Quiero una docena de claveles.
Je désire une douzaine d'oeillets.
dchë desír ün dusën dëyé

Envíela a esta dirección, por favor.
Envoyez-les à cette adresse, s'il vous plaît.
anvuayé le a set adrés, sil vu ple

❯ Vocabulario

anémonas	anémones	*anemón*
claveles	oeillets	*ëyé*
clavelinas	petits oeillets	*pëti-s-ëyé*
crisantemos	chrysanthèmes	*krisantém*
gladiolos	glaïeuls	*glaiyël*
hortensias	hortensias	*ortansiá*
jacintos	jacinthes	*dchasínt*
lilas	lilas	*lilá*
margaritas	marguerites	*margërít*

narcisos	jonquilles	*dchonkiy*
nardos	nards	*nar*
orquídeas	orchidées	*orkidé*
ramo de flores	bouquet de fleurs	*buké dë flër*
rosas	roses	*ros*
tiesto	pot (de fleurs)	*po (dë flër)*
tulipanes	tulipes	*tülíp*
violetas	violettes	*violét*

■ Fotografía

❭ Cámara y accesorios

¿Puede Ud. revisar la cámara?
Pourriez-vous reviser mon appareil ?
purié vu rëvisé mon aparéy?

Deseo una cámara digital/ automática/ réflex/ de un uso.
Je voudrais un appareil-photo numérique/ automatique/ reflex/ jetable
Dchë vudré an apareil-fotó nümërík/ otomatík/ refléx/ dchetablë

Necesito pilas para mi cámara.
J'ai besoin des piles pour mon appareil-photo.
ye besuán de pils pur mon apareil-fotó

Quiero pilas recargables.
Je voudrais des piles rechargeables.
ye vudré de pils recharyeables

Quiero un cargador de pilas.
Je voudrais un chargeur de piles.
ye vudréan charyer de pils

¿Aquí se puede recargar pilas?
Peut-on recharger des piles ici ?
pëton recharyer de pils isí?

¿Me pueden imprimir las fotos?
Vous pourriez m'imprimer ces photos ?
vu purié memprimer se fotós?

¿Tienen tarjetas de memoria para mi cámara?
Avez-vous des cartes mémoire pour mon appareil-photo ?
avé vu de cart a memuár pur mon apareil-fotó?

¿Pueden volcarme el contenido de la tarjeta de memoria en un CD?
Vous pouvez me décharger le contenu de la carte mémoire sur un CD ?
vu puvé me decharyé le contenü dë la cart memuár sër en SeDé?

¿Tienen un cable USB para mi cámara?
Avez-vous un câble USB pour mon appareil-photo ?
avé vu an câble U-Es-Bé pur mon apareil-fotó?

Expresiones de uso más frecuente

batería	batterie	*bat'rí*
batería de litio	batterie de lithium	*baterí de litiúm*
cable USB	câble USB	*cable U-Es-Bé*
cámara digital	appareil-photo numérique	*apareil-fotó nümerik*
cargador	chargeur	*charyër*
color	couleur	*kulër*
descargar	décharger	*renversér*
imprimir	imprimer	*amprimér'*
pilas (recargables)	piles rechargeables	*pils recharyeables*
tarjeta de memoria	carte de mémoire	*cart de memuár'*
zoom	zoom	*sum*

■ Relojería y joyería

¿Puede Ud. arreglarme el reloj?
Pourriez-vous me réparer la montre ?
purié vu më reparé la montr'?

Se adelanta 20 minutos.
Elle avance de vingt minutes.
el aváns dë ven minüt

Se atrasa 20 minutos.
Elle retarde de 20 minutes.
el rëtárd dë ven minüt

Quisiera un buen reloj.
Je voudrais une bonne montre.
dchë vudré-s-ün bon montr'

Vocabulario

adelantar	avancer	*avansé*
aguja	aiguille	*egüíy'*
correa	courroie	*kuruá*
dar cuerda al reloj	remonter la montre	*rëmonté la montr'*
minutero	aiguille des minutes	*egüíy' de minüt*
reloj de bolsillo	montre à gousset	*montr' a gusé*
reloj de pulsera	montre	*montr*

Materiales

bañado de oro	plaqué or	*plaké or*
bañado de plata	plaqué argent	*plaké ardchán*
bisutería	bijou de fantaisie	*bidchú dë fantesí*
brillante	brillant	*briyán*
diamante	diamant	*diamán*
dorado	doré	*doré*
oro	or	*or*

perla	perle	*perl*
piedra preciosa	pierre précieuse	*piér presiès*
plata	argent	*ardchán*
plateado	argenté	*ardchanté*
platino	platine	*platín*
quilate	carat	*kará*
rubí	rubis	*rübí*

› Alhajas y bisutería

alfiler de corbata	épingle de cravate	*epéngl' dë kravát*
anillo	bague	*bag*
broche	broche	*broch*
cadena	chaîne	*chen*
colgante	pendentif	*pandantíf*
collar	collier	*kolié*
crucifijo	crucifix	*krüsifí*
gemelos	boutons de manchettes	*butón dë manchét*
medalla	médaille	*medáy'*
pendiente	boucles d'oreilles	*bukl' dorey'*
pendiente de clip	boucles d'oreilles à clip	*bukl' dorey' a klip*
pulsera	bracelet	*bras'lé*
sortija	bague	*bag*

■ Lavandería y arreglos de ropa

¿Dónde está la lavandería más próxima?
Où se trouve le pressing le plus proche ?
u së truv lë presín lë plu proch?

¿Pueden quitar esta mancha?
Pourriez-vous enlever cette tache ?
purié vu anlevé set tach?

¿Pueden limpiar esta ropa?
Pourriez-vous nettoyer ces vêtements ?
purié vu netuayé se vet'mán?

Está descosido.
Elle est décousue.
el e dekusü?

¿Pueden arreglar este vestido?
Pourriez-vous raccommoder cette robe ?
purié vu rakomodé set rob?

¿Pueden coser este botón?
Pourriez-vous coudre ce bouton ?
purié vu kudr' së butón?

Lo necesito para mañana.
J'en ai besoin pour demain.
Yan-é besuán pur dëmán

Quiero lavar estas sábanas.
Je voudrais laver ces draps.
Dchë vudré lavé se dra

> Vocabulario

acortar	raccourcir	*rakursír*
alargar	rallonger	*ralondché*
bajos (del pantalón)	l'ourlet	*lurlé*
botón	bouton	*butón*
coser	coudre	*kudr'*
cremallera	fermeture éclair	*fermetür eclér*
dobladillo	ourlet	*urlé*
ensanchar	élargir	*elardchír*
estrechar	rétrécir	*retresír*
lavandería	pressing	*presín*
lavar	laver	*lavé*
limpiar	nettoyer	*netuayé*
limpiar en seco	nettoyer à sec	*netuayé a sek*
planchar	repasser	*rëpasé*
planchar al vapor	repasser à la vapeur	*rëpasé a la vapër*
sastrería	tailleur	*tayër*

■ Librería, papelería y música

¿Dónde hay una buena librería?
Où est-ce qu'il y a une bonne librairie ?
u es-kil i a ün bon libr'rí?

¿Dónde hay una buena tienda de discos?
Où est-ce qu'il y a un bon magasin de disques ?
u es-kil i a ën bon magasán dë disk?

¿Tiene un mapa de carreteras de Francia?
Avez-vous une carte routière de France ?
avé vu ün kart rutiér dë frans?

¿Tiene un plano de la ciudad?
Avez-vous un plan de la ville ?
avé vu ën plan dë la vil?

¿Tiene alguna guía turítica de la región?
Avez-vous un guide touristique de la région ?
avé vu ën guid turistik de la redchión?

¿Dónde está la sección de música clásica?
Où est le rayon de musique classique ?
u e lë reyón dë müsík klasík?

> Libros y papeles

bloc de dibujo	bloc de dessins	*blok dë desén*
bloc de notas	bloc-notes	*blok not*
bolígrafo	stylo	*stiló*
carpeta	chemise	*chëmís*

celo	scotch	*scoch*
cuaderno	cahier	*kayé*
diccionario español- francés/ español	dictionnaire espagnol- français/ espagnol	*diksionér español- fransé/ español*
folios	feuilles	*fëy*
goma de borrar	gomme	*gom*
guía	guide	*guid*
lapicero	crayon	*kreyón*
mapa de carreteras	carte routière	*kart rutiér*
novela	roman	*román*
papel	papier	*papié*
pegamento	colle	*kol*
periódico	journal	*dchurnál*
plano de la ciudad	plan de la ville	*plan dë la vil*
pluma estilográfica	stylo plume	*stiló plúm*
sello de correos	timbre	*tenbr'*
sobre	enveloppe	*anv'lóp*
sobre de avión	enveloppe-par avion	*anv'lóp par avión*
tarjeta postal	carte postale	*kart postál*

■ Mercería

aguja	aiguille	*egüy'*
alfiler	épingle	*epéngl'*
botón	bouton	*butón*
cinta de algodón	ruban en coton	*rübán an kotón*
cordón	cordon	*kordón*
cremallera	fermeture éclair	*fermetür eclér*
dedal	dé (à coudre)	*de a kudr'*
hebilla	boucle	*bukl'*
hilo	fil	*fil*
hilo de bordar	fil à broder	*fil a brodé*
imperdible	épingle à nourrice	*epéngl' a nurís*
ovillo	pelote	*pëlót*
tijeras	ciseaux	*sisó*

■ Óptica

Cristal graduado.
Verre gradué.
ver gradüé

Cristal sin graduar.
Verre plat
ver pla

Estuche de lentillas.
Étui à lentilles.
etüi a lantíy'

Gafas de sol.
Lunettes de soleil.
lünét dë soléy

Gafas graduadas.
Lunettes de vue.
lunét dë vü

Gamuza.
Peau de chamois.
po dë chamuá

Lentillas blandas.
Lentilles/ verres de contact/
cornéens souples.
*lantíy'/ ver de kontákt/ korneén
supl*

Líquido para limpiar lentillas.
Liquide pour nettoyer les verres
de contact.
likíd pur netuayé le ver dë kontákt

¿Pueden arreglarme las gafas?
Pourriez-vous réparer mes
lunettes ?
puriez vu reparé me lünét?

¿Pueden graduarme la vista?
Pouvez-vous me faire une
ordonnance pour des lunettes ?
*puvé vu më fer ün ordonáns pur
de lünét?*

Tengo miopía.
Je suis myope.
dche suí miop'

¿Tienen Uds. gafas de sol?
Avez-vous des lunettes de
soleil ?
Avé-vu de lünét dë soléy?

Se me ha roto un cristal.
J'ai cassé un verre.
dche kasé ën ver

¿Cuánto tardarán?
Cela mettra combien de temps ?
sëla metrá combian dë tam?

■ En la peluquería de caballeros

**¿Dónde hay una peluquería de
caballeros?**
Où est-ce qu'il y a un coiffeur
pour hommes ?
u es-kil i a ën kuafër pur om?

Quiero cortarme el pelo.
Je voudrais me faire couper les
cheveux.
*dchë voudrais më fer kupé le
chëvë*

¿Cómo lo quiere?
Quelle coupe voulez-vous ?
kel cup vulé vu

Lo quiero corto, muy corto.
Court, très court.
kur, tré kur

Quiero un corte a navaja.
Je voudrais une coupe au rasoir.
dchë vudré ün kup o rasuár

Iguale las patillas.
Égalisez les pattes.
egalisé le pat

Así está bien. ¿Qué le debo?
C'est bien comme ça. C'est
combien ?
Se bién kom sa, se konbién

■ En la peluquería de señoras

¿Dónde hay una peluquería?
Où est-ce qu'il y a un salon de
coiffure ?
u es-kil i a ën salón de kuafür?

Quiero un moldeado.
Je voudrais une mise
en plis.
dchë vudré ün mis-an-pli

Quiero que me tiñan.
Je voudrais une teinture.
dchë vudré-s- ün tentür

Lavar y marcar.
Un shampooing et une mise
en plis.
ën champuén et-ün mis an pli

Quisiera ver un catálogo de
peinados modelo.
J'aimerais voir un catalogue de
modèles de coiffures
*dchem'ré vuár ën kataslóg dë
modél dë kuafür*

Quiero un corte como este.
Je désire une coupe comme
celle-ci.
dchë desír ün kup kom selsí

> El lavado

El agua está fría/ caliente.
L'eau est froide/ chaude.
lo e fruád/ chod

El secador está muy caliente.
Le sèche-cheveux est très
chaud.
lë sech-chëvë e tre cho

Quiero mascarilla.
Je voudrais un masque.
dchë vudré ën mask

No quiero vitaminas.
Je ne veux pas de crème
dchë në vë pa dë crem

> El corte

Quiero flequillo.
Je voudrais une frange.
dchë vudré ün frandch'

Quiero una melena recta.
Je voudrais une coupe au carré.
dchë vudré ün chëv'lür o karré

Quiero un corte a capas.
Je voudrais un dégradé
dchë vudré an degradé

Quiero que me igualen las
puntas.
Je voudrais qu'on m'égalise les
pointes.
dchë vudré kon megalís le puént

> El peinado

Quiero que me peine con
flequillo.
Je voudrais une coiffure avec
frange.
*dchë vudré ün kuafür avék
franch'*

Quiero el pelo liso.
Je voudrais avoir les cheveux
raides.
dchë vudré avuar le chëvë lís

Lo quiero rizado.
Je voudrais une coiffure frisée.
dchë vudré ün kuafür frisé

Quiero una permanente floja.
Je voudrais une permanente peu
frisée.
dchë vudré ün permanánt pë frisé

> El tinte

Quiero reflejos.
Je voudrais des reflets.
dchë vudré de rëflé

Quiero un tono caoba.
Je voudrais un ton acajou.
dchë vudré ën ton akdchú

Quiero aclararme el pelo.
Je voudrais me faire éclaircir les
cheveux.
*dchë vudré më fer eklersír le
chëvë*

Quiero un color más claro.
Je voudrais une couleur plus claire.
dchë vudré ün kulër plu kler

Quiero un color más oscuro.
Je voudrais une couleur plus sombre
dchë vudré ün kulër plu sombr

¿Tiene un muestrario de colores?
Avez-vous un nuancier de couleurs?
avé vu ën nüansié dë kulër?

Expresiones más utilizadas

aclarar	éclaircir	*eklersír*
afeitar	raser	*rasé*
barba	barbe	*barb*
bigote	moustache	*mustách*
brillantine	brillantine	*briyantín*
bucles	boucles	*bukl'*
cabeza	tête	*tet*
cara	visage	*visádch*
caspa	pellicules	*pelikül*
castaño	marron/ châtain	*marón/ chatén*
cepillo	brosse	*bros*
champú	shampooing	*chanpuén*
cobrizo	cuivré	*küivré*
cortar	couper	*kupé*
dar un tinte	teindre les cheveux	*tendr' le chëvë*
dar volumen	donner du volume	*doné dü volüm*
flequillo	frange	*frandch'*
laca	laque	*lak*
lavar	laver	*lavé*
manicura	manicure	*manicür*
maquinilla de afeitar	rasoir	*rasuár*
marcar	faire une mise en plis	*fer ün mis an pli*
masaje	massage	*masádch'*
mechón	mèche	*mech*
moño	chignon	*chiñón*
navaja de afeitar	rasoir	*rasuár*
negro	noir	*nuár*
ondas	ondulation	*ondulasión*
patillas	pattes	*pat*
pedicura	pédicure	*pedikür*
peinar	peigner	*peñé*
peine	peigne	*peñ*
pelirrojo	roux	*ru*
pelo	cheveu	*chëvë*
peluca	perruque	*perük*
peluquería	salon de coiffure	*salón dë kuafür*

115

permanente	permanente	*permanánt*
pinzas	pinces	*pens*
postizo	postiche	*postích*
raya	raie	*re*
reflejo	reflet	*rëflé*
rizos	boucles	*bukl'*
rojizo	roux	*ru*
rubio	blond	*blon*
rulos	bigoudis	*bigudí*
secador de pelo	sèche-cheveux	*sech-chëvë*
suavizante	adoucissant	*adusisán*
teñir	teindre	*tendr'*
tinte	teinture	*tentür*
vitaminas	vitamines	*vitamín*

■ Perfumería y droguería

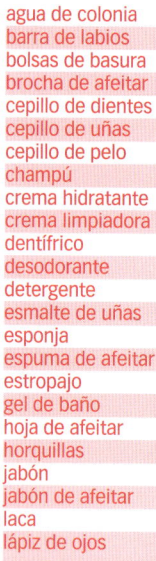

agua de colonia	eau de cologne	*o dë kolóñ*
barra de labios	bâton de rouge à lèvres	*batón dë rudch a levr'*
bolsas de basura	sacs poubelle	*sak-s-pubél*
brocha de afeitar	blaireau	*bleró*
cepillo de dientes	brosse à dents	*bros a dan*
cepillo de uñas	brosse à ongles	*bros a ongl'*
cepillo de pelo	brosse à cheveux	*bros a chëvë*
champú	shampoing	*chanpuén*
crema hidratante	crème hydratante	*krem idratánt*
crema limpiadora	lait nettoyant	*le netuayánt*
dentífrico	pâte dentifrice	*pat dantifrís*
desodorante	déodorant	*deodorán*
detergente	détergent	*deterdchán*
esmalte de uñas	vernis à ongles	*verní-s-à ongl'*
esponja	éponge	*epóndch'*
espuma de afeitar	crème à raser	*krem a rasé*
estropajo	éponge végétale	*epóndch' vedchetál*
gel de baño	gel de bain	*dchel de ben*
hoja de afeitar	lame de rasoir	*lam dë rasuár*
horquillas	épingles à cheveux	*epéngl'-s-a chëvë*
jabón	savon	*savón*
jabón de afeitar	savon à barbe	*savón a barb*
laca	laque	*lak*
lápiz de ojos	crayon pour les yeux/ à sourcils	*kreyón pur le-s-yë/ a sursí*
lima de uñas	lime à ongles	*lim a ongl'*
loción para después del afeitado	after-shave	*aftesheiv*

maquillaje	fond de teint	*fon de ten*
pañuelo de papel	mouchoir en papier	*muchuár an papié*
papel higiénico	papier hygiénique	*papié idchieník*
peine	peigne	*peñ*
perfume	parfum	*parfúm*
pinzas de depilar	pinces à épiler	*pens a epilé*
pinzas para el pelo	pinces à cheveux	*pens a chëvë*
pinzas para la ropa	pinces à linge	*pens a lendch*
polvos de talco	poudre de talc	*pudr' dë talk*
quitaesmalte	dissolvant	*disolván*
rimel	rimmel	*rimél*
sombra de ojos	ombre à paupières	*onbr' a popier*
tijeras	ciseaux	*sisó*
tónico	fortifiant	*fortifián*

■ En la tienda de ropa

› Tejidos

Quiero un traje de lino.
Je voudrais un costume en lin.
dchë vudré ën kostüm an len

¿De qué está hecho?
C'est en quoi?
set-an kuá sa?

¿Qué tejido es?
C'est quelle sorte de tissu?
Se sort de tisü?

Quiero una cazadora de cuero.
Je voudrais un blouson en cuir.
dchë vudré ën blusón an küír

› Tipos de prendas y tejidos

abrigo	manteau	*mantó*
albornoz	peignoir	*peñúar*
algódón	coton	*kotón*
ante	daim	*den*
bañador	maillot de bain	*maiyó de ben*
blusa	chemisier	*chemisié*
bufanda	écharpe	*echarp*
camisa	chemise	*chemis*
chaqueta	veste	*vest*
cinturón	ceinture	*sintúr*
corbata	cravate	*cravát*
cuero	cuir	*küír*
falda	jupe	*yüp*
franela	flanelle	*flanél*
gabardina	gabardine	*gabardín*

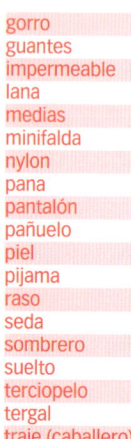

gorro	bonnet	*bonét*
guantes	gants	*gants*
impermeable	imperméable	*amperméable*
lana	laine	*len*
medias	bas	*bas*
minifalda	minijupe	*miniyüp*
nylon	nylon	*nilón*
pana	velours côtelé	*velúr cotelé*
pantalón	pantalon	*pantalón*
pañuelo	mouchoir	*muchuár*
piel	peau	*po*
pijama	pyjama	*piyamá*
raso	satin	*satén*
seda	soie	*suá*
sombrero	chapeau	*chapó*
suelto	souple	*supl'*
terciopelo	velours	*vélúr*
tergal	tergal	*tergál*
traje (caballero)	costume	*costüm*
vestido	robe	*rob*
vaquero	jean	*yin*

› Tallas

No sé cuál es mi talla.
Je ne connaispas ma taille.
dchë në koné pa ma tay'

Quiero una camiseta XL.
Purié vu reparé se chosür.
Dchë vudré an ti sher ixel

¿Tiene la talla 38?
Avez-vous un trente huit ?
avé vu ën trant üit?

¿Son iguales las tallas en España?
Est-ce que les tailles sont les mêmes qu'en Espagne ?
Es quë le tail son le mêm can Espñe?

¿Dónde están los probadores?
Où sont la cabines d'essayage ?
U son les cabín deseyadch?

■ Zapatería

¿Puede arreglar estos zapatos?
Pourriez-vous réparer ces chaussures ?
Purié vu reparé se chosür?

Necesito cambiar las suelas.
J'ai besoin de changer les semelles.
Dchë besuán dë dchangé le semél

Quiero tacones nuevos.
Je voudrais des nouveaux talons.
dchë vudré dë nuvó talón

Se ha roto esto ¿tiene arreglo?
Cela s'est cassé, est-ce qu'on peut le réparer ?
Selá se casé, es con pë lë reparé?

> Calzado

betún	cirage	*sirádch'*
botas	bottes	*bot*
– de goma	– en caoutchouc	*– an kautchú*
botines	bottines	*botín*
cordones	lacets	*lasé*
playeras	tennis	*tenís*
plantillas	semelles intérieures	*semél-s-enteriër*
sandalias	sandales	*sandál*
– de goma	– en caoutchouc	*– an kautchú*
zapatos	chaussures	*chosur*
zapatos de tacón	soulliers a talóns	*suliés a talóns*
zapatillas de casa	pantouffles	*pantufle*
– de deporte	– sportifs	*– sportíf*

■ Notas ■

ocio y espectáculos

Siempre ocurre algo en una ciudad como París. Se puede asistir a numerosos conciertos de música clásica gratuitos que se celebran en iglesias, asistir a un espectáculo de ópera y ballet en sus dos grandes teatros –la Ópera Garnier y la Ópera de la Bastilla inaugurada en 1989– a los más lujosos o frívolos espectáculos de variedades o cabaret. Desde los grandes clásicos en la Comedie Française hasta las más intrascendentes comedias de evasión, propias del teatro de boulevard. A veces es difícil encontrar localidades en el día o para una fecha o espectáculo concreto, en ese caso se puede recurrir a las agencias especializadas, pagando un porcentaje.

No solo en París, sino en cualquier capital de provincia se puede asistir a grandes espectáculos teatrales. Aunque aparte de la amplísima oferta de obras de teatro que se representan casi a diario, en los últimos años han proliferado en algunos bares actuaciones, happening o sainetes teatrales que se anuncian en los propios establecimientos mediante carteles, así como numerosas exposiciones de fotografía o pintura.

Por último, en cuanto al mundo del cine, Francia se siente orgullosa de haber contribuido al nacimiento del llamado Séptimo Arte. Como en otros países, cada vez abundan más los multicines; las películas extranjeras se exhiben casi siempre en versión original subtitulada. Es importante saber que los cines franceses no venden entradas numeradas (sí los teatros), por lo que los espectadores suelen hacer cola antes del inicio de la película para conseguir los mejores asientos.

■ Cine y teatro

¿A qué hora empieza la sesión?
A quelle heure commence la séance ?
a kel ër kománs la seáns?

Déme dos butacas centrales por favor.
Donnez-moi deux places au centre s'il vous plaît.
doné muá dë plas o santr' sil vu plé

¿Dónde está el teatro Apollo?
Où est le théâtre Apollo ?
u e lë teátr' apoló?

¿Ponen alguna película interesante?
Passe-t-on un film intéressant ?
pas-t-on ën film enteresán?

¿Qué ponen en el cine Lux?
Quel film passe-t-on au cinéma Lux ?
kel film pas-t-on o sinemá lüx?

Déme dos butacas laterales de la fila cinco, por favor.
Donne-moi deux places latérales du cinquiéme rang, s'il vous plaît.
doné muá dë plas lategál senkiém ran, sil vu ple

¿Quién es el director?
¿Y los actores?
Qui est le metteur en scène (théatre)/ réalisateur (cinéma) ?
Et les acteurs ?
ki e lë metër an sén? e le-s-aktër?

■ Música y danza

Déme dos entradas para el concierto.
Donnez-moi deux billets pour le concert.
doné muá dë biyé pur lë konsér

¿A qué hora es el concierto?
A quelle heure est le concert ?
a kel ër e lë konsér

¿Qué piezas interpretan?
Qu'est ce qu'on joue ?
kes kon dchu?

Rótulos más frecuentes

AMPHITHÉÂTRE Anfiteatro
CINÉMA PERMANENT Sesión continua
COMPLET No hay localidades
DERNIERS JOURS Últimos días
FILM SOUS-TITRÉ Versión original
GALERIE/ POULAILLER Galería
GUICHET Taquilla
LOGE Palco

ORCHESTRE Platea
PARTERRE Patio de butacas
PASSAGES Pases
PREMIER RANG Delantera
PREMIÈRE REPRÉSENTATION Estreno
SÉANCE NUMEROTÉ Sesión numerada
VERSION ORIGINALE Versión original

¿Quién es el director?
Qui est le chef d'orchestre ?
ki e lë chef dorkestr'?

¿Hay algún concierto interesante de música clásica?
Y a-t-il un concert intéressant de musique classique ?
i a-t-il ën konsér enteresán dë müsík klasík?

¿Qué orquesta interpreta?
Quel est l'orchestre qui joue ?
kel e lorkéstr' ki dchu?

¿A qué hora empieza la función?
A quelle heure commence la représentation ?
a kel ër kománs la rëpresantasión?

¿Qué compañía actúa?
Quelle est la compagnie qui joue ?
kel e la konpañí ki dchu

¿Quién es el batería?
Qui est le batteur ?
ki e lë batër?

■ De copas

¿Qué quieres tomar?
Que voulez-vous boire ?
ke vulé vu buar?

¿Qué van a tomar?
Ça sera quoi ?
sa será kuá?

Un Gin Tonic por favor.
Un Gin Tonic s'il vous plaît.
an yin tonic sil vu ple

¡Camarero!, la cuenta, por favor.
Garçon, la note, s'il vous plaît.
garsón, la not, sil vu ple

Un whisky solo, por favor
Un whisky sec, s'il vous plaît.
ën ver dë guiski sec, sil vu ple

¿Hay alguna mesa libre?
Y a-t-il une table libre ?
i a-t-il ün tabl' libr'?

¡Camarero!, una copa de vino y dos cervezas, por favor.
Garçon! un verre de vin et deux bières, s'il vous plaît.
¡garsón! ën ver dë ven e dë biér, sil vu ple

¿Dónde hay una zona de bares a estas horas?
Où est-ce qu'il y a des bars ouverts à cette heure ?
u es-kil i orá de bar-s-uvér a setër?

Póngame dos cubitos de hielo.
Mettez-moi deux glaçons.
meté muá dë glasón

Quíteme el hielo, por favor.
Enlevez les glaçons, s'il vous plaît.
anl'vé le glasón, sil vu ple

❯ Vocabulario

agua	eau	*o*
agua mineral con gas	eau pétillante	*o petillant*
aguardiente	eau-de-vie (fem)	*o dë vi*
anís	anisette	*anisét*
bar	bar/ café	*bar/ kafé*
barra	comptoir	*kontuár*

batido	milk-shake	*milk-chek*
beber	boire	*buár*
bebida con/ sin alcohol	boisson avec de l'alcool/ sans alcool	*buasón avék dë lalkól/ san-s-alkól*
bíter	bitter	*bitér*
café con hielo	café avec glaçons	*kafé avek glason*
– con leche	– au lait	*– o le*
– cortado	– noisette	*– nuaset*
– solo	– noir	*– nuar*
cafetería	cafetería	*kafeteriá*
camarero	garçon	*garsón*
cerveza	bière	*biér*
coca	coca (masc.)	*cocá*
coñac	cognac	*koñák*
copa	verre	*ver*
cuba libre	rhum coca	*rom koká*
cubito	glaçon	*glasón*
dulce	sucré	*sücré*
gaseosa	limonade	*limonád*
ginebra	gin	*dchin*
hielo	glaçons	*glasóm*
infusión	infusion	*enfusión*
licor	liqueur	*likër*
lima	citron vert	*sitron ver*
limón	citron	*sitrón*
limonada	citronnade	*sitronád*
manzanilla	camomille	*camomil*
menta	menthe	*mant*
mosto	jus de raisin	*dchü dë resen*
naranja	orange	*orándch'*
naranjada	orangeade	*orandchád*
poleo	menthe	*mant*
ponche	punch	*ponch*
ron	rhum	*rom*
¡salud!	santé!	*santé*
seco	sec	*sek*
sidra	cidre	*sidr'*
soda	soda	*sodá*
taberna	bistrot	*bistró*
té	thé	*te*
tequila	tequila	*tekilá*
tónica	schweps	*sueps*
vaso	verre	*ver*
vermouth blanco	martini blanc	*martiní blan*
– rojo	– rouge	*– rudch'*

vino	vin	*ven*
vodka	vodka	*vodká*
whisky	whisky	*uiskí*
zumo	jus	*dchü*
– de limón	– citron pressé	*– sitrón presé*
– de naranja	– orange pressée/ jus d'orange	*– orandch' presé/ dchü dorándch'*
– de tomate	– de tomate	*– dë tomát*

■ En la discoteca

¿Dónde hay una discoteca?
Où sont les discothèques ?
u son le discotec?

¿Conoces alguna discoteca animada?
Vous connaissez une discothèque branchée ?
vu conesé ün diskoték branché?

¿Qué tipo de música suelen poner?
C'est quel genre de musique ?
se kel dchanr' dë musík?

¿A qué hora abren?
Quel est l'heure d'oùverture ?
kel e lër duvertür?

¿Estás esperando a alguien?
Tu attends quelqu'un ?
tü atán kelkën?

¿Quieres bailar?
Tu veux danser ?
tü vë dansé?

Bailas muy bien.
Tu danses très bien.
tü dans tre bian

Estoy muy a gusto contigo.
Je suis très bien avec toi.
dchë süí tre bién avék tuá

¿Te acompaño a tu casa?
Je t'accompagne chez toi ?
dchë takonpáñ che tuá?

Me gustaría volver a verte.
J'aimerais te revoir.
dchem'ré të rëvuár

¿Quieres darme tu número de teléfono?
Tu veux me donner ton numéro de téléphone ?
Tü vë më doné ton nümeró dë telefón?

■ Juegos

¿Sabes jugar al billar?
Savez-vous jouer au billard ?
savé vu dchué o biyár?

¿Te apetece jugar una partida?
Vous aimeriez en faire une partie ?
vus emerié an fer ün partí?

¿Cuáles son las reglas del juego?
Quelles sont les règles du jeu ?
kel son le regl' dü dchë?

¿Quieres que te enseñe a jugar?
Voulez-vous que je vous apprenne à jouer ?
vulé vu kë dchë vu-s-aprén a dchué

> Vocabulario

ajedrez	échecs	*echék*
– alfil	fou	*fu*
– caballo	cheval	*cheval*
– casilla	case	*kas*
– jaque	échec	*echék*
– jaque mate	échec et mat	*echék e ma*
– peón	pion	*pión*
– reina	dame	*dam*
– rey	roi	*ruá*
– torre	tour	*tur*
billar	billard	*biyár*
– banda	bande	*band*
– bolas	boules	*bul*
– taco	queue	*kë*
– tiza	craie	*kre*
bolos	quilles	*kiy'*
cartas	cartes	*kart*
– bridge	bridge	*briddch*
– caballo	cavalier	*kavalié*
– canasta	canasta	*kanastá*
– figura	figure	*figür*
– póquer	poker	*pokér*
– corazones	coeur	*kër*
– diamantes	carreau	*karó*
– picas	pique	*pik*
– tréboles	trèfle	*trefl'*
– rey	roi	*ruá*
– sota	valet	*valé*
casino	casino	*kasinó*
cubilete	gobelet	*gob'lé*
dados	dés	*de*
damas	dames	*dam*
dardos	flèches	*flech*
diana	cible	*sibl'*
dominó	domino	*dominó*
ficha	fiche	*fich*
ganar	gagner	*gañé*
juego de mesa	jeu de société	*dchë dë sosieté*
lotería	loto	*lotó*
mover	déplacer	*deplasé*
perder	perdre	*perdr'*
ping-pong	ping-pong	*pin póng*
mesa	table	*tabl'*

pala	raquette	*rakét*
red	filet	*filé*
pelota	balle	*bal*
ruleta	roulette	*rulét*
salir	sortir	*sortír*
comer	prendre	*prandr'*
tablas	partie nulle	*partí nül*
tablero de ajedrez/	échiquier/	*damier*
de damas	echikié	*damié*
tapete	tapis	*tapí*

■ Playa y piscina

¿Dónde hay una playa cerca de aquí?
Où est-ce qu'il y a une bonne plage près d'ici ?
u es kil i a ün bon pladch' pre disí

¿Se puede nadar sin peligro?
On peut y nager sans danger ?
on pë i nadché san dandché

¿Hay resaca?
Il y a du ressac ?
il i a dü resák?

¿Hay por aquí alguna playa nudista?
Est-ce qu'il y a une plage naturiste près d'ici ?
es kil y a ün pladch' natüríst pré disi?

¿Hay corrientes por esta zona?
Est-ce qu'il y a des courants par ici ?
es kil y a de kurán par isí

¿Cuánto cuesta por día?
Quel est le prix par jour ?
kel e lë pri par dchur?

¿Conoces alguna piscina con buenas instalaciones?
Connaissez-vous une piscine avec de bonnes installations ?
konesé vu ün pisín avék dë bon-s-enstalasión?

Déme tres entradas, dos de adulto y una de niño.
Trois entrées, s'il vous plaît, deux adultes et un enfant.
truá-s-antré, sil vu ple, dë adült' e ün anfán

¿Dónde puedo alquilar una tumbona?
Où est-ce que je peux louer un transat ?
u es-kë dchë pë lué en transat?

Rótulos más frecuentes

À LOUER Se alquila
BAIGNADE INTERDITE Prohibido bañarse
PROHIBIDO ANIMALES animaux non admis
CABINES Cabinas
DANGER Peligro
DOUCHES Duchas
PARASOL Sombrilla
POSTE DE SECOURS Puesto de socorro
VESTIAIRES Vestuarios
ZONE DANGEREUSE Zona peligrosa

■ Deportes

¿Sabes dónde se puede jugar
al tenis?
Savez-vous où on peut jouer
au tennis ?
savé vu u on peut dchué o tenís?

¿Quisiera alquilar unos esquís.
Je voudrais louer des skis.
dchë vudré lué dë-s-ski

¿Alquilan raquetas?
Vous louez des raquettes ?
vu lué de rakét?

¿Hay alguna carrera
interesante?
est-ce qu'il y a une course
intéressante ?
Es kil y a ün kurs enteresán?

¿Dónde está el estadio?
Où est le stade ?
u e lëstad?

¿Cuánto cuesta la entrada?
Quel est le prix de l'entrée ?
kel e lë pri dë lantré?

❯ Vocabulario

atletismo	atlétisme	*atletísm*
automovilismo	automobilisme	*otomobilísm*
baloncesto	basket-ball	*basket-bol*
balonmano	hand-ball	*jand-bol*
buceo	plongée	*plonyé*
campeonato	championnat	*championát*
carrera	course	*curs*
ciclismo	cyclisme	*siclism*
esquí	ski	*esquí*
estadio	stade	*estád*
fútbol	football	*futból*
gimnasia	gymnastique	*yimnastík*
golf	golf	*golf*
motociclismo	motocyclisme	*motociclísm*
natación	natation	*natasión*
pádel	pádel	*padél*
ping-pong	ping-pong	*pin póng*
piscina	piscine	*pisín*
pista de tenis	court de tennis	*cur de tennís*
raqueta	raquette	*raquét*
surf	surf	*serf*
tabla de surf	planche de surf	*planch de serf*
tenis	tennis	*tenís*
vela	voile	*vuál*
voleibol	volley-ball	*voleí-bol*
windsurf	planche à voile	*planch a vuál*

DICCIONARIO DE VIAJE

■ A

a à
a favor de en faveur de
a causa de à cause de
a la derecha à droite
a la izquierda à gauche
a menudo souvent, fréquemment
a través de à travers
a veces parfois
a, en à, en
abajo en bas
abandonar abandonner
abedul bouleau
abeja abeille
abierto ouvert
abrebotellas ouvre-bouteilles
abrelatas ouvre-boîtes
abrigo
— de mujer manteau
— de hombre pardessus
abrir(se) (s') ouvrir
absurdo/a absurde
aburrido/a ennuyeux/euse
aburrir ennuyer
aburrirse s'ennuyer
acaso peut-être
aceite huile
aceitunas olives
acelga blette
aceptar accepter
acera trottoir
acero inoxidable acier inoxydable
acompañar accompagner
aconsejar conseiller
acostarse se coucher
acostumbrado/a habitué/e
activo/a actif/active
acto acte
actor acteur
actriz actrice
acuerdo accord
acusar accuser
adaptación del texto adaptation du texte
adaptador adaptateur (eléctrico) (électrique)
adelantar avancer, dépasser
adelante en avant
además en plus

además de en plus de
admitir admettre
afilado/a aiguisé/e
afirmar affirmer
afueras (les) alentours, (les) environs
agarrar saisir
agencia de viajes agence de voyages
agotado/a épuisé/e
agradable agréable
agradecer remercier
agricultura agriculture
agua eau
— potable — potable
aguacate avocat
aguantar supporter, souffrir
aguja aiguille
— coser — à coudre
— reloj — de montre
— campanario — flèche
agujero trou
ahogado/a noyé/e
ahora maintenant
ahí là
aire air
ajo ail
al lado (de) à côté de
al norte/sur au nord/sud
al este/oeste à l'est/à l'ouest
al principio au début
ala aile
— delta — deltaplane
albaricoques abricots
albornoz peignoir
alcachofas artichauts
alcantarilla égout
alcanzar atteindre
alcohol alcool
aldea hameau
alegre gai
alegría gaîté
alfiler épingle (fem.)
alfombra tapis (masc.)
alguien quelqu'un
algunas veces quelques fois
alguno/a certain/e
allí, allá là-bas
alma âme

almacén magasin
almendra amande
almohada oreiller (masc.)
alpinismo alpinisme
alquilar louer
alquiler loyer, location
alrededor de autour de, environ
altavoz haut-parleur
alto/a haut/e
altura hauteur
alubias haricots
alumno/a élève
amar, querer aimer
amargo/a amer/ère
amatista améthyste
ámbar ambre
ambulancia ambulance
americana veste, veston
amor amour
amplificador amplificateur
ancho/a large
anchoas anchois
anchura largeur
andar marcher
angulas civelles
animal animal, bête
anoche hier soir
anorak anorak
ante devant, face à
anteayer avant-hier
antena antenne
antes avant
antichoque pare-chocs
anticuario antiquaire
antipático antipathique
anual annuel
anuncio publicité
añadir ajouter
apagar éteindre
aparcar stationner
apartamento appartement
apellido nom
apenas à peine
aperitivo apéritif
aplaudir applaudir
apostar (a) parier (à)
aprender apprendre
— (a hacer) (à faire)
apretar serrer
aprobar approuver
— un examen être reçu

aproximadamente à peu près
apuesta pari (masc.)
aquel/lla ce, cette
aquello cela
aquellos/llas ces
aquí ici
araña araignée
árbitro arbitre
árbol arbre
árbol frutal arbre fruitier
archipiélago archipel
arena sable (masc.)
arenque hareng
argolla anneau
aria aria
armario armoire (fem.)
aro cerceau, cercle
arpa harpe
arreglar arranger, réparer
arrepentirse de regretter
arriba en haut
arrodillarse s'agenouiller
arroyo ruisseau
arroz riz
arroz con leche riz au lait
artesano/a artisan/e
asa anse
ascensor ascenseur
así ainsi, comme ça
asistir (a) assister (à)
aspecto aspect
áspero âpre
astigmatismo astigmatisme
asustado/a effrayé/e
asustar faire peur, effrayer
asustar(se) avoir peur
atar attacher
atasco de tráfico embouteillage
atentado attentat
atletismo athlétisme
atracar
— un barco — amarrer
— (robar) — braquer, dévaliser
atrasar retarder
atún thon
aumentar augmenter
aunque quoique
autobús autobus, bus
autocar autocar, car
automático automatique
autopista autoroute

autor/a auteur/e
autoservicio self-service
avellanas noisettes
avenida avenue
aventura aventure
averiarse tomber en panne
averiguar vérifier, se renseigner
aves (pájaros) oiseaux,
— (gastron.) volaille
aviso avis, avertissement
avispa guêpe
ayer hier
ayuda aide
ayudar a aider
— alguien a quelqu'un à
azabache jais
azúcar sucre

■ B

bacalao morue
bailar danser
bailarín danseur
bailarina danseuse
bajar descendre
bajar de descendre de
bajo/a bas/basse
balcón balcon
ballena baleine
ballet ballet
balón ballon
baloncesto basket-ball
balonmano hand-ball
balonvolea volley-ball
bandera drapeau
bañador maillot de bain
bañarse se baigner
bañera baignoire
barato/a bon marché, pas cher
barba barbe
barca de remos barque
barco, barca de motor bateau
barítono baryton
barrio quartier
barro boue (fem.)
bastante assez
basura ordures, poubelle
bata robe de chambre
batería batterie
batidora mixeur
batín veste d'intérieur
batista batiste

bayeta lavette
beber boire
bello/a beau/belle
besugo dorade (fem.)
betún cirage
biblioteca bibliothèque
bicicleta bicyclette
bien bien
bigote moustache (fem.)
bikini deux pièces, bikini
bizcocho gâteau, biscuit
blando mou
blanda molle
blusa chemisier
bolígrafo stylo à bille
bollos petits pains, brioches
bolsa de aseo trousse de toilette
bolsillo poche (fem.)
bomba bombe
bombero pompier
bombilla ampoule
bombón chocolat
bonito/a joli, jolie
— (pescado) thon
borracho/a ivre, soûl/e
bosque bois, forêt (fem.)
boxeo boxe (fem.)
boya bouée, balise
bragas culotte, slip
bragueta braguette
breve bref
brillante, listo brillant, intelligent
brillar briller
brindar porter un toast (à)
bronce bronze
bronceador crème solaire
brújula boussole
bucear plonger
buena suerte bonne chance
bueno/a bon/bonne
buey boeuf
bufanda cache-nez, écharpe
burro âne
buscar chercher
butaca fauteuil, place

■ C

caballo cheval
cabeza tête
cabra chèvre
cacahuetes cacahuètes

cadena chaîne
caerse tomber
cafetera cafetière
caja caisse
calabacín courgette (fem.)
calcetín chaussette (fem.)
calculadora calculatrice
caldo bouillon
calefacción chauffage (masc.)
calentador chauffe-eau
calentar(se) (se) chauffer
calidad qualité
caliente chaud
caliente, caluroso chaud, chaleureux
callarse se taire
calle rue
callos tripes
calzada chaussée
calzoncillos caleçon
cama lit (masc.)
camarera/o serveuse/garçon
cambiar changer
cambiar(se) (se) changer
camello chameau
camino, sentido chemin, direction
camión camion
camisa chemise
camisón chemise de nuit
campeonato championnat
campo champ, campagne
— de fútbol terrain de football
— de golf terrain de golf
canal canal
cancha de tenis court de tennis
canción chanson
candelabro chandelier
cangrejo de mar crabe
cangrejo de río écrevisse (fem.)
canguro kangourou
cansado/a fatigué/e
cantante chanteur, chanteuse
cantar chanter
canto chant
caña de pesca ligne, canne à pêche
capa cape
capaz capable
capital (ciudad) capitale
capítulo chapitre
caramelos bonbons

cariñoso/a affectueux/euse
carne viande
— de cerdo — de porc
— de cordero — d'agneau, de mouton
— de ternera — de veau
— para guisar — bas morceaux
— picada — hachée
caro cher
carrera course
— de atletismo — d'athlétisme
— de caballos — de chevaux
— de coches — de voitures
— de motos — de motos
carrete
— de pescar moulinet
— de fotos pellicule
carretera route
— de circunvalación — périphérique, rocade
— para bicicletas piste cyclable
cartelera rubrique des spectacles
cartera portefeuille
casa maison
casa de empeños mont-de-piété, maison de prêt, sur gages
casado/a marié/e
casarse se marier, épouser
— con alguien — quelqu'un
casco casque
casi presque
castaño châtaignier, marronnier
castillo château
catedral cathédrale
caviar caviar
caza chasse,
— (gastron.) gibier
cazadora blouson
cazar chasser
cazo louche (fem.)
cazoleta cassolette
cazuela casserole
cebo appât, amorce
cebolla oignon
cebra zèbre
cementerio cimetière
cena dîner (masc.)
cenicero cendrier
centollo araignée de mer
cepillo brosse (fem.)
— de ropa — à habits

— **dientes** — à dents
cerámica céramique
cerca (de) près de
cercano/a proche
cerdo porc, cochon
cerezas cerises
cerradura serrure
cerrar con llave fermer à clé
cerrar(se) (se) fermer
cesta panier
chal châle
chaleco gilet
chalet chalet
champiñón champignon
chándal survêtement (de sport)
chaqueta veste
chaquetón veston
charlar bavarder
cheque de viaje chèque de
  voyage
cheviot cheviotte (fem.)
chicle chewing-gum
— **de frambuesa** — à la
  framboise
— **de fresa** — à la fraise
— **de menta** — à la menthe
chillar, gritar crier
chimenea cheminée
chocolate chocolat
chopo peuplier
chuleta côtelette
cicatriz cicatrice
ciclismo cyclisme
ciclomotor cyclomoteur
ciego/a aveugle
cierva biche
ciervo cerf
cigala langoustine
cinta ruban
cinta métrica mètre à ruban
cintura ceinture
cinturón ceinture (fem.)
circuito de carreras circuit (de
  courses)
círculo cercle
ciruelas prunes
cita rendez-vous (masc.)
ciudad ville
civil civil
clarinete clarinette (fem.)
claro/a, despejado/a clair/e,
  dégagé/e
clase classe
clásico/a classique
cobarde lâche
cobre cuivre
coche voiture
— **de policía** — de police
cochecito de niño poussette,
  landau
cochinillo cochon de lait
cocido pot-au-feu
cocina cuisine
coco noix de coco
cocodrilo crocodile
codorniz caille
coger prendre
cojo/a boiteux/euse
cola queue
colaborar collaborer
colchón matelas
colchoneta petit matelas, tapis
  de sol
colegio collège
colina colline
colmillos canines (fem.)
colocar placer
colorete fard à joues, blush
columna colonne
combinación combinaison
combinado combiné
comedia comédie
— **musical** — musicale
comedor salle à manger
comer manger
comida repas
comisaría commissariat
como comme
cómo comment
cómodo commode, confortable
compañía compagnie
— **aérea** — aérienne
— **de teatro** — de théâtre
completamente complètement
completar compléter
completo complet
complicado compliqué
composición composition
compositor/a compositeur/ trice
comprar (a) acheter (à)
comprender comprendre
comprobar vérifier

con avec
con destino a à destination de
con rumbo a en direction de
concierto concert
condado comté
condenar condamner
conducir conduire
conejo/a lapin/e
confesar confesser
confirmar confirmer
confitería confisserie
congelador congélateur
conmigo avec moi
conseguir obtenir
consejo conseil
consigo avec soi
consomé consommé
construir construire
consultar consulter
consumición consommation
contaminación pollution
contar compter
— **narrar** raconter
contestación réponse
contestar, responder répondre
contigo avec toi
continente continent
continuar continuer
contra contre
contrabajo contrebasse (fem.)
contralto contralto
conversación conversation
copiar copier
coral corail
— **(canto)** chorale
corbata cravate
cordero agneau, mouton
coreografía chorégraphie
coro choeur
corona couronne
correcto/a correct/e
correr courir
corriente courant
cortar couper
corteza
— **de árbol** écorce,
— **de pan** croûte
— **de queso** croûte
cortina rideau (masc.)
corto/a court/e
cosa chose

coser coudre
costa côte
costar coûter
costumbre coutume, habitude
costura couture
crecer croître, grandir
creer croire
crema crème
— **protectora** — protectrice
cristal (vidrio) cristal (verre)
cristalería verrerie,verre en cristal
cronómetro chronomètre
croquetas croquettes
cruce croisement, carrefour
cruzar traverser
cruzarse con se croiser avec
cuaderno cahier
cuadrado carré
cuadro tableau
cuál quel
cuáles quels
cualquier n'importe quel/quelle
cualquiera quelconque, n'importe
qui
cuando quand
cuanto combien
cuarteto quatuor/quartet
cuarto chambre
cuarto de baño salle de bain
cuba cuve
cubierta
— **de barco** pont
— **de rueda** enjoliveur
cubo seau
— **de basura** poubelle
cuchara cuiller
cuchichear chuchoter
cuchilla lame
cuchillo couteau
cuello cou
cuenta compte (masc.)
cuerda corde
cuerno corne (fem.)
cuero cuir
cuidadosamente prudemment,
soigneusement
cuidar soigner
cuidar de prendre soin de
culebra couleuvre
cultivar cultiver
cultura culture

cumplir accomplir
cuna berceau (masc.)
curioso curieux
curva (carreter.) virage
cutis peau (fem.)
cuyo/a/os/as dont, de qui

◼ D

danza danse
dar donner
dar cuerda remonter
dar la bienvenida souhaiter la bienvenue
dar vuelta a tourner, faire le tour
darse prisa se dépêcher
dátiles dattes
de de
de acuerdo d'accord
de vez en cuando de temps en temps
de pie debout
debajo de, abajo sous
débil faible
decidir (se) (a) (se) décider (à)
decir dire
decisión décision
declarar déclarer
decorar (de) décorer (avec)
defensa (deportista) défense
delantal tablier
delante de devant
delantero (deportista) avant
delgado/a mince
delicado/a délicat
delicioso/a délicieux/euse
demás (indef.) autre
— (adver.) du reste, d'ailleurs
demasiado trop
dentro dedans, à l'intérieur
denuncia plainte, dénonciation
denunciar porter plainte, dénoncer
derecha droite
derecho, ley droit, loi
desafinar chanter faux
desagradable désagréable
desagüe écoulement
desaparecer disparaître
desarrollar (se) (se) développer
desayuno petit-déjeuner
descansar reposer
descanso repos

descargar décharger
desconocido/a inconnu/e, étranger/ère
describir décrire
descubrir découvrir
desde depuis
desde luego bien sûr
desear désirer
deseo désir
desgracia malheur (masc.)
desierto désert
despacio lentement
despensa garde-manger, cellier
despertador réveil
despertar (se) (se) réveiller
despierto/a éveillé/e
después (de) après
destino destination
destruir détruire
desván grenier
detrás derrière
detrás de derrière le/la …
diadema diadème
dibujar dessiner
dibujo dessin
diccionario dictionnaire
difícil difficile
dificultad difficulté
dije breloque (fem.)
dinero argent
Dios Dieu
dirección direction
— domicilio adresse
— escénica mise en scène
directo/a direct/e
director/a directeur/trice
—de orquesta chef d'orchestre
dirigir diriger
disco disque
— compacto —disque compact/ CD
discutir se disputer
disfrazarse se déguiser
disfrutar profiter/ jouir
disparar tirer
distinto/a différent/e
divertido/a amusant/e
divertirse s'amuser
dividido/a divisé/e
dividir diviser
divorciado/a divorcé/e

documentación papiers (masc. pl.)
doloroso/a douloureux/euse
donde où
dormir dormir
dormitorio chambre (à coucher)
drama drame
droga drogue
ducha douche
ducharse se doucher
dulce doux, douce, sucré/e
dúo duo
durante pendant, durant
durar durer
duro/a dur/e
duro, difícil dur, difficile

■ E

echar al correo poster
echar de menos regretter
edad âge (masc.)
edificio bâtiment, édifice
edredón édredon, couette
educar, instruir élever, instruire
ejemplo exemple
él il
ella elle
ello cela
ellas elles
ellos ils
eléctrico électrique
electrodoméstico électroménager
elefante éléphant
elegante élégant
elegir choisir
emborracharse s'enivrer, se soûler
empanada friand (masc.), pâté en croûte
empanadilla friand (de carne), chausson (de dulce)
emperador empereur
— pescado espadon
empezar (a) commencer (à)
emplear employer
empujar pousser
en en, à
en casa à la maison, chez soi
en contra de contre
en el extranjero à l'étranger
en lugar de au lieu de

en medio au milieu
en medio de au milieu de
en seguida tout de suite
en vez de au lieu de
encantado enchanté
encantador charmant
encarcelar emprisonner
encender allumer
enchufe prise de courant
encima de, arriba sur, en haut
encontrar trouver
endibia endive
enemigo/a ennemi/e
enfadado/a fâché/e
enfermo/a malade
enfrente de en face de
enorme énorme
ensalada salade
enseñar, mostrar (se) enseigner, apprendre, (se) montrer
entender comprendre
enterarse de s'informer, apprendre
entonces alors
entre entre, parmi
entreacto entracte
entremeses hors-d'oeuvre
entrevistar interviewer
enviar envoyer
envolver envelopper
equipo de buceo équipement de plongée
— de fútbol equipe de football
— balonmano — de handball
equitación équitation
equivocarse se tromper
error erreur (fem.)
es decir c'est à dire
esa cette
esas ces
escalera escalier, échelle
— de mano échelle
escalón marche (fem.)
escena scène
escenario scène, plateau
escenografía mise en scène
escoba balai (masc.)
escobilla (de pipa) brosse (de pipe)
escoger choisir
escribir écrire

escuchar écouter
escuela primaria école primaire
escultura sculpture
ese ce, cet
esfera sphère
esgrima escrime
esmalte émail
esmeralda émeraude
esmoquin smoking
eso, esos ces
espacio espace
espalda dos (masc.)
especie espèce, sorte
espejo miroir
esperanza espoir, espérance
esperar attendre,
— (confiar) espérer
espiral spiral
esponja éponge
espuma para el pelo mousse à
cheveux
esquí ski
— acuático — nautique
esquiar skier
esquina coin (masc.)
esta cette
establecimiento établissement
estación gare
— de autobuses gare routière
— de tren gare de chemin de fer
— de esquí station de ski
estadio stade
estado (país) état, pays
— (físico) état
estallar éclater
estar être
— de acuerdo — d'accord
— de pie — debout
estar equivocado se tromper
estas ces
este ce, cet
estéreo stéréo
estilo style
esto cela
estos ces
estrabismo strabisme
estrecharse la mano se serrer
la main
estrella étoile
estrellar mettre en pièces/ briser
estreno première / sortie

estropear (se) (s') abîmer
estudiante étudiant
estudios études (fem.)
estufa poêle (masc.)
estúpido/a stupide
etiqueta étiquette
exactamente exactement
examen examen
examinarse passer un examen
excepto excepté, sauf
excursión excursion
existir exister
éxito succès
experiencia expérience
explicación explication
explicar expliquer
exposición exposition, exposé
(masc.)
expresión expression
exprimidor presse-citron
exquisito/a exquis/e
extra extra
extranjero/a étranger/ère
extraordinario/a extraordinaire

■ F

fábrica fabrique, usine
fabricar fabriquer
facción faction
fácil facile
fácilmente facilement
faja gaine
falda jupe
fama renommée
famoso/a renommé/e, célèbre
faro phare
farola réverbère
fecha de nacimiento date de
naissance
felicitar souhaiter
feliz heureux/euse
feo/a vilain/e, laid/e
fieltro feutre
fiesta fête
filtro filtre
fin fin (fem.)
fin de semana week-end
finca propriété
fino/a fin/e, délicat/e
firmar signer
flauta flûte

flequillo frange (fem.)
flor fleur
flotador flotteur, bouée
fluir couler
forma forme
forro doublure (fem.)
fósil fossile
fotografía photographie
fotografiar photographier
frac frac, queue de pie (fem)
frágil fragile
frecuentemente fréquemment
fregadero évier
fregona balai-brosse, serpillière
freidora friteuse
freno frein
fresco/a frais/fraîche
fresno frêne
friegaplatos machine à laver la vaisselle
frigorífico frigidaire, frigo
frío/a froid/e
frontera frontière
fruta fruit (masc.)
fuego feu
fuera dehors
fuerte fort
fuga fuite
fumar fumer
función de noche représentation en soirée
— **de tarde** matinée
— **única** représentation unique
funcionar fonctionner, marcher
funicular funiculaire
furgoneta camionnette
fútbol football

■ **G**

gabardina gabardine, imperméable
gafas lunettes
— **de buceo** — de plongée
— **de sol** — de soleil
gallina poule
gallo coq
ganar gagner
garbanzos pois chiches
gargantilla collier
garra griffe
gas gaz
gasa gaze

gastar dépenser
gato/a chat/chatte
gesto geste
gimnasia gymnastique
gimnasio gymnase, club de gym
globo ballon
gobierno gouvernement
golf golf
golosina friandise
golpe coup
golpear frapper
goma gomme
gordo/a gros/grosse
gorra casquette
gorro de baño bonnet de bain
gotera gouttière, fuite
grabado gravure (fem.)
gracias merci
gracioso/a amusant, drôle
grande grand/e
granja ferme
grifo robinet
gritar crier
grito cri
grupo groupe
guantes gants
— **de cuero** — en cuir
— **de goma** — en caoutchouc
— **de lana** — en laine
— **de seda** gants en soie
guapo/a beau/belle
guardar garder
guerra guerre
guisar cuisiner
guitarra guitare
— **acústica** — acoustique
— **eléctrica** — électrique

■ **H**

habitación chambre
habitante habitant
hablar parler
hacer faire
— **fuego** — du feu
— **gimnasia** — de la gymnastique
— **preguntas** poser des questions
— **punto** tricoter
— **una lista de** — une liste de
hacia vers
hambre faim
hamburguesa hamburger (masc.)

harina farine
hasta jusque
haya hêtre (masc.)
hecho/a en fabriqué/e en (à)
helado glace (fem.)
helicóptero hélicoptère
herida blessure
herido/a blessé/e
herir blesser
hermoso/a beau/belle
hierba herbe
hierro fer
hígado foie
higos figues (fem.)
hilo fil
— **de seda** — de soie
— **de zurcir** — à repriser
himno hymne
hinchable gonflable
hipermetropía hypermétropie
hipódromo hippodrome
hipopótamo hippopotame
hirviendo bouillant
historia histoire
hocico museau
hoguera bûcher
hoja de árbol feuille d'arbre
— **de papel** — de papier
honrado/a, sincero/a honnête
hora heure
hormiga fourmi
horno four
— **microondas** — micro-ondes
hortaliza légume
hospital hôpital
hotel, hostal hôtel
hoy aujourd'hui
hoyo trou
huella trace
huerta potager, verger, jardin
huir fuir
humo fumée (fem.)

■ I

idea idée
idiota idiot/e
imaginar imaginer
impedir empêcher
imperdible épingle à nourrice
impermeable imperméable
importante important/e

importar importer
imposible impossible
impresionar impressionner
impuesto imposé, impôt
incapaz (de) incapable de
inclinar incliner, pencher
incluso inclus
infeliz malheureux/euse
informar renseigner, informer
insecto insecte
inspector/a inspecteur/trice
instante instant
instituto institut, lycée
instrumento instrument
— **de cuerda** — à cordes
— **de percusión** — percussions
— **de viento** — à vent
— **musical** — de musique
insultar insulter
inteligente intelligent
intentar tenter, essayer
intermedio intermède,
— **(teatro)** — entracte
interpretación interprétation
interruptor interrupteur
inútil inutile
invitar inviter
ir aller
irse s'en aller
isla île
izquierdo/a gauche

■ J

jabalí sanglier
jabón savon
jade jade
jamás jamais
jamón jambon
— **cocido** — cuit, blanc
— **serrano** — de montagne
jardín jardin
jaula cage
jefe chef
jersey pull-over
jinete cavalier
jirafa girafe
joven jeune
joyero bijoutier
jugar jouer
jugar, tocar jouer (d'un instrument)
juguete jouet

junto a à côté de
jurar jurer, prêter serment à
justo/a juste
juzgar juger

■ L

la la
las les
ladrón/a voleur/euse
lago lac
lágrima larme
lámpara lampe
langosta langouste
langostino crevette, bouquet
lanzar lancer
lápiz crayon
largo/a long/longue
laurel laurier
lavabo (retrete) lavabo, toilettes
lavadora machine à laver
lavar laver
lavar(se) (se) laver
le le, lui
les leur
leche lait
leche frita lait frit
lector/a lecteur/trice
leer lire
legumbre légumes secs
lejía eau de Javel
lejos (de) loin (de)
lencería lingerie
lenguado sole (fem.)
lentes de contacto verres de
   contact
león lion
leona lionne
leotardos collants
levantar (se) (se) lever
levantar, élever, — construir
   construire, — construir bâtir
levantarse se lever
libra (esterlina) livre (sterling)
libre libre
libro livre
— de aventuras — d'aventures
— infantil — pour enfants
liebre lièvre (masc.)
liga jarretière
liguero porte-jarretelles
limón citron

limpiar nettoyer
limpio propre
línea ligne
llamar appeler
llamarse s'appeler
llanura plaine
llave clé
llegar arriver
llenar (de) remplir (de)
llevar porter
llorar, gritar pleurer, crier
llover pleuvoir
lluvia pluie
lluvioso/a pluvieux/euse
lo le
los les
lobo loup
localidad
— (ciudad) localité
— (lugar) lieu
loco/a fou/folle
locura folie
lombarda chou rouge
luchar lutter
luego après
lugar de nacimiento lieu de
   naissance
residencia résidence
luna lune
lupa loupe
luz lumière

■ M

macramé macramé
madera bois
magnetófono magnétophone
maíz maïs
mal mal
mala suerte malchance, malheur
maleta valise
malla filet, maille
malo/a méchant/e
manantial, fuente source,
   fontaine
manchar tacher, salir
mandar commander
— enviar envoyer
mandarina mandarine
manecilla
— (de reloj) aiguille
— (palanca) manette

manga manche
manillar guidon
manopla gant
manta couverture
mantequería crèmerie
mantequilla beurre (masc.)
manzana pomme
mañana (día) demain
mañana (la) matin
mapa carte (fem.)
máquina machine
— de afeitar rasoir (masc.)
mar mer (fem.)
marcar la hora signaler l'heure
marcha marche
marea marée
mareado/a avoir mal au coeur, avoir un malaise
marfil ivoire
margarina margarine
mariposa papillon
marisco fruits de mer
mármol marbre
más plus
más de plus de
más...que plus...que
máscara masque (masc.)
matar tuer
mayor plus grand, aîné
(el) mayor l'aîné, le plus grand
mayor, menor de edad majeur/e, mineur/e
mayores de plus de
— 13/18 años 13/18 ans
mazapán massepain
me me
mechero briquet
medallón médaillon
medias bas (masc.)
medio/a demi/e
medir mesurer
mejillón moule (fem.)
mejor meilleur, mieux
(lo) mejor mieux
(el, la) mejor (le, la) meilleur/e
melocotón pêche (fem.)
melón melon
membrillo coing
memoria mémoire
menos moins
mentir mentir

merecer mériter
merengue meringue (fem.)
merluza colin (masc.)
mermelada confiture
mero mérou
mesa table
meseta plateau
meta arrivée
metal precioso métal précieux
meterse en se mettre en
mezclar mêler
mi mon, ma
mí moi
mía mienne
mías miennes
miedo peur (fem.)
miel miel (masc.)
mientras pendant que
milhojas (pastel) mille-feuille
Ministerio (de) Ministère (de)
minutero aiguille des minutes
minuto minute (fem.)
mío mien
míos miens
miopía myopie
mirar regarder
misterio mystère
mochila sac à dos
mojado/a mouillé/e
molestar gêner, déranger
momento moment
moneda monnaie, pièce
monedero porte-monnaie
mono singe
montaña montagne
montañismo alpinisme
montar a caballo monter à cheval
— en bicicleta — à bicyclette
montura monture
moqueta moquette
moras mûres
moreno/a brun/e, bronzé (piel)
morir mourir
mortadela mortadelle
mosca mouche
mosquito moustique
mostaza moutarde
moto moto
motora vedette
motorismo motocyclisme

mousse de café mousse au café
— de chocolate — au chocolat
mover bouger, déplacer
móvil (tel.) portable
mucho/a/os/as beaucoup
mudo/a muet/muette
mueble meuble
muerto/a mort/e
mundo monde
muñeca poupée
muro mur
música clásica musique classique
— de cámara — de chambre
— de jazz — de jazz
— instrumental — instrumentale
— moderna — moderne
— polifónica — polyphonique
— pop — pop
— popular — populaire
— rock — rock
— sacra — sacrée
— sinfónica — symphonique
muslo cuisse (fem.)
muy très

■ N

nabo navet
nacer naître
nacido/a né/e
nación nation
nacionalidad nationalité
nada rien
nadar nager
naranja orange
nata crème
natación natation
natillas crème anglaise
necesario/a nécessaire
necesitar avoir besoin de
negarse (a) refuser de
neumático pneu
ni ni
ninguno/a aucun/une
nido nid
nivel niveau
no non, ne
no más ne plus
noche nuit
nombre nom, prénom
nos nous

nosotros/as nous
nota note
nuestro/a/os/as notre, nos
nuevo/a nouveau/ nouvelle, neuf/ neuve
nuez noix
número nombre, numéro
nunca jamais

■ O

o ou
obertura ouverture
objeto objet
obligatorio/a obligatoire
obra oeuvre
obra de teatro pièce de théâtre
observar observer
océano océan
ocupado/a occupé/e
ocurrir arriver
odiar haïr
oficina de información bureau de renseignements, Syndicat d'Initiative, accueil
oír entendre
ola vague
oleaje houle (fem.)
oler sentir
olla a presión autocuiseur, cocotte minute
olmo orme
olor odeur
olvidar oublier
ópera opéra
opereta opérette
opinión opinion
ordenador ordinateur
orfebrería orfèvrerie
organdí organdi
órgano orgue
orgullo orgueil
oro or
orquesta orchestre (masc.)
os vous
oscuridad obscurité
oscuro/a obscur/e
o sea c'est à dire
oso ours
ostras huîtres
otra vez encore, à nouveau
otro un autre

oveja brebis

■ P

pagar payer
página page
país pays
paisaje paysage
pajarita cocotte (de papel), noeud papillon (adorno)
pájaro oiseau
pala pelle
palabra mot
paletilla épaule, palette
pálido/a pâle
palo bâton
paloma pigeon
pantalón pantalon
pantalones cortos short
pantalones vaqueros blue-jean
pantano marais
paño drap
pañuelo mouchoir
papel papier
— calco — carbone, papier calque
— de cartas — à lettres
— de embalar — d'emballage
— de estaño — aluminium
papelera corbeille à papier
paquete paquet
para pour
paraguas parapluie
parapeto parapet
parecerse a ressembler à
pared mur (masc.)
pareja couple
parque parc
partido parti
pasamontañas cagoule
pasaporte passeport
pasas (ciruelas) pruneaux
pasillo couloir
paso passage
paso de cebra passage piéton, clouté
pasta (italiana) pâte (italienne)
pastas (confitería) petits gâteaux
pastel gâteau
pata patte
patata pomme de terre
patín patin
patinar patiner

patio de butacas orchestre
pato/a canard
pavo dindon/dinde
— real — paon
paz paix
peatón piéton
pecera aquarium
pedal pédale (fem.)
pedir demander
pegar coller,
— (golpear) battre
peinado coiffure
película film
— bélica — de guerre
— comedia — comédie
— de acción — d'action
— de aventuras — d'aventures
— de ciencia-ficción — de science-fiction
— de dibujos animados — de dessins animés
— de suspense — de suspense
— de terror — d'horreur
— documental — documentaire
— drama — drame
— erótica — érotique
— histórica — historique
— musical — comédie musicale
— policiaca — policier
peligro danger
peligroso/a dangereux/euse
pelo cheveu
pelota balle
pena peine
península péninsule, presqu'île
pensamiento pensée (fem.)
pensar penser
pensar en penser à
pepinillo cornichon
pepino concombre
pequeño/a petit/e
pera poire
percebe pouce-pied
percha portemanteau (para ropa)
percusión percussion
perder perdre
perdiz perdrix
perdonar algo a uno pardonner quelque chose à quelqu'un
perejil persil
perfecto/a parfait/e

periódico journal
permiso permis
permitir permettre
pero mais
perro/a chien/ne
perseguir persécuter, poursuivre
persiana store, persienne
persona personne
pertenecer a appartenir à
pesado/a lourd/e
pesar peser
pesca pêche
pescadilla merlan
pescado poisson
pescar pêcher
peso poids
petaca flasque (boisson), blague (tabac) (fem)
petróleo pétrole
petrolero pétrolier
pez poisson
pianista pianiste
picadillo hachis
pico (ave) bec
— **(montaña)** pic
piedra pierre
pierna jambe
pieza de objet en
— **cerámica** céramique
pijama pyjama
pila tas,
— **fregadero** évier
pimentón piment rouge, paprika
pimiento piment
pinchar (se), (se) piquer, crever
— **romper (se)** (se) casser
pinchazo crevaison, piqûre
pino pin
pintar peindre
pintura peinture
piña pomme de pin
piña tropical ananas
piragua pirogue
piragüismo canoë-kayak
piscina piscine
— **al aire libre** — en plein air
— **cubierta** — couverte
piso (suelo) plancher
— **(vivienda)** appartement
pista piste
— **de hielo** patinoire

placer plaisir
plancha fer à repasser
planchar repasser
plano de ciudad plan
plano plat
planta (piso) étage
plátano banane
platería orfèvrerie
plato assiette (fem.)
plato (en un restaurante) plat
playa plage
plaza place
pluma (ave) plume
— **(estilogr.)** stylo (masc.)
pobre pauvre
poco peu
poder pouvoir
policía police
pollo poulet
polo pôle
polvo poussière
polvos para la cara poudre (fem.)
pomelo pamplemousse
poner (se) mettre
ponerse de pie se mettre debout
por, para par, pour
por ejemplo par exemple
por fin enfin
por qué pour quoi
porque parce que
por supuesto naturellement, bien entendu
por tanto c'est pourquoi
porcelana porcelaine
portal entrée, portail
portería loge
portero/a concierge
postre dessert
precio prix
precipitarse se précipiter
preferido/a préféré/e
preferir préférer
pregunta demande, question
preguntar (por) demander
preguntarse se demander
preocupado/a soucieux/euse, préoccupé/e
preocuparse por se soucier de, se préoccuper de
presentar présenter
primero/a premier/ère

princesa princesse
príncipe prince
prismáticos jumelles (fem.)
problema problème
producir produire
producto produit
productor/a producteur/trice
profesión profession
profundidad profondeur
profundo/a profond/e
programa programme
prohibido/a défendu/e, interdit/e
prohibir défendre, interdire
pronto bientôt
pronunciar prononcer
proteger protéger
provincia département, province
pueblo village
puente pont
pues donc
puerta porte
pulga puce
pulpo poulpe, pieuvre
punto point
— de partida — de départ
— de vista — de vue

■ Q
que que
qué que, quoi
quemadura brûlure
quemar brûler
querer, gustar vouloir, aimer
quien, quienes qui
quitarse enlever,retirer, ôter
quizás peut-être

■ R
radio radio
raíz racine
rama branche
rápidamente, de prisa rapidement, vite
rápido/a rapide
raqueta raquette
rascacielos gratte-ciel
rato moment
ratón souris (fem.)
raya raie
raza race
rebeca cardigan, gilet (masc.)

rechazar repousser, rejeter, refuser
recibir recevoir
reclamar réclamer
recogedor pelle (à ordures)
recoger ramasser
reconocer reconnaître
recto/a droit/e
recuerdo souvenir
red (de carreteras) réseau,
— (de pesca) filet
reflexionar réfléchir
refugio refuge
regata régate
región région
registrar, enregistrer, inscribirse s'inscrire
reina reine
reír rire
reírse de se moquer de
religión religion
religioso/a religieux/euse
reloj montre, pendule, horloge (todos fem.)
remo rame (fem.)
remolacha betterave
remolino remous
remolque remorque (fem.)
remonte remonte-pente, remontée (fem.)
reparar réparer
reparar, reponerse réparer, se remettre
reparto distribution, livraison
repollo chou (pommé)
reposición remise en place, reprise
representación représentation
resaca gueule de bois , ressac (olas) (masc.)
resbalar glisser
reservar réserver, retenir
resolver résoudre
respeto respect
responder répondre
— reaccionar réagir
respuesta réponse
resultado résultat
retrato portrait
revista revue, magazine
— de opinión — d'opinion
— del corazón — presse du coeur

rey roi
rico/a riche
rinoceronte rhinocéros
riñon rein
río rivière, fleuve
ritmo rythme
rizo boucle (fem.)
robar voler
roble chêne
robo vol
roca roche
romper (se) (se) casser
ropa interior sous-vêtements
rubio/a blond/e
ruborizarse rougir
rueda roue
ruido bruit
ruinas ruines
rumbo direction

■ S

sábana drap (masc.)
saber, conocer savoir, connaître
sacacorchos tire-bouchon
sacapuntas taille-crayon
sacar sortir
saco de dormir sac de couchage
sal sel (masc.)
sala salle
— de conciertos — de concert
— de estar — de séjour
salchichas saucisses
salchichón saucisson
sales de baño sels de bain
salmón saumon
— ahumado — fumé
salón salon
— de belleza — de beauté
salsa sauce
— de tomate — tomate
— rosa — rose
— tártara — tartare
saltar sauter
saludar saluer
salvaje sauvage
salvar sauver
sapo crapaud
sardina sardine
sartén poêle
satén satin
sauce saule

saxofón saxophone
se se
secador de pelo sèche-cheveux
secar (se) (se) sécher
seco/a sec/sèche
secreto/a secret/e
sed soif
sedal ligne (fem.)
seguir suivre
según d'après, selon
segundero aiguille des secondes
segundo seconde,
— (ordinal) deuxième
seguridad sûreté, sécurité
semáforo feux (plur.)
semana semaine
sencillo/a simple
sentarse s'asseoir
sentido sens,
— (dirección) direction
sentir sentir
señal, marca signal (mas.),
  marque, panneau (signalisation)
separar(se) (se) séparer
ser, estar être
serio/a sérieux/euse
serpiente serpent (masc.)
servicio service
servilleta serviette
sesión séance
— de cine — de cinéma
sesos cervelle
seta champignon
si si
sí oui
siempre toujours
sierra scie
significar signifier
siguiente suivant
silencio silence
silencioso/a silencieux/euse,
  tranquille
silla chaise
sillón fauteuil
simpático/a sympathique, gentil
sin sans
sin embargo cependant
sinfonía symphonie
sino mais
sobre enveloppe (fem.)
sobre, encima sur

sociedad société
socio/a associé/e, membre
sol soleil
solapa revers (masc.)
solista soliste
solo/a seul/e
soltero/a célibataire
sombra ombre
sombrerería chapellerie
sombrero chapeau
sombrilla parasol, ombrelle
sonar sonner
sonar, tocar, llamar por teléfono sonner, appeler, téléphoner
sonata sonate
sonido son
sonreír sourire
sonrisa sourire (masc.)
soñar rêver
sopa soupe
soprano soprano
sordo/a sourd/e
sorpresa surprise
su (masc.) son
su (fem.) sa
suave doux/douce
suavizante
— para el pelo après-shampoing
— para la ropa adoucissant
subasta vente aux enchères
subir monter
subir a monter à
submarino sous-marin
suburbio banlieue
suceder arriver
sucio/a sale
suelo sol
sueño rêve
suerte chance
sujetador soutien-gorge
suponer supposer
sus ses
sustituir substituer
suya sienne
suyas siennes
suyo sien
suyos siens

■ T

taco liasse (de billets)
tallarines nouilles (fem.)

taller atesanal atelier d'artisan
tamaño dimensions
también aussi
tampoco non plus
tan si, tellement
tan...como aussi...que
tan...que si...que
tanto autant, tellement
tapa couvercle (masc.)
tapiz tapisserie (fem.)
tarde (a destiempo) tard,
— la tarde après-midi, soir
tarea tâche
tarro pot
tarta tarte
taxi taxi
te te
te (infus.) thé
teatro théâtre
techo plafond
teclados clavier
teja tuile
tejado toit
tejido de punto tricot
tela toile
telefonear téléphoner
teléfono téléphone
telesilla télésiège
telesquí téléski, remonte-pente
televisión télévision
televisor téléviseur
temperatura température
temprano tôt, de bonne heure
tenedor fourchette (fem.)
tener, haber avoir
— hambre/sed — faim/soif
— lugar — lieu
— miedo — peur
— razón — raison
tenis tennis
tenor ténor
terminar finir
ternera veau (masc.)
terremoto tremblement de terre
terrible terrible
texto texte
ti toi
tiburón requin
tiempo temps
tienda boutique
— de alfombras — de tapis

— **de comestibles** — épicerie
— **de ropa** — boutique
tienda de campaña tente
tierra terre
tigre tigre
tigresa tigresse
timbre timbre, sonnette
tímido/a timide
tinta azul/ encre bleue/
— **negra/roja** noire/rouge
tintero encrier
tiple soprano
tipo type
tirantes bretelles
tirar (disparar) tirer
— **(arrojar)** jeter
tirar de traîner de
tiro tir, coup
toalla serviette
toallitas de serviettes en
— **papel** papier
tocadiscos tourne-disque
tocar toucher
tocar (música) sonner, jouer
tocino lard
todavía encore
todo/a tout/e
todos/as tous/toutes
tolerada toléré/e
tomar prendre
tomar el sol prendre le
soleil, bronzer
tomate tomate (fem.)
tonto/a sot/sotte
topacio topaze
toro taureau
tortuga tortue
trabajar travailler
traer apporter
tragedia tragédie
tragicomedia tragi-comédie
trago gorgée (fem.)
traje de baño costume de bain,
maillot
— **de caballero** vêtement
d'homme
— **de chaqueta** costume
— **de noche** robe du soir
trampolín tremplin
tranquilidad tranquillité
tranquilo/a tranquille

transbordador ferry, navette
transformador transformateur
transporte transport
tranvía tramway, tram
trapo chiffon
tras derrière, après
travieso/a espiègle
tren train
trigo blé
trimestre trimestre
triste triste
tristeza tristesse
trombón trombone
trompa trompe, cor (masc.)
trompeta trompette
tronco tronc
trucha truite
truco truc
tú tu
tu (poses.) ton (masc.), ta (fem.)
tuba tuba (masc.)
tubo tuyau
tul tulle
tumbona chaise-longue
turismo tourisme
turno tour
turquesa turquoise
tus tes
tuya/s tienne/s
tuyo/s tien/s

■ U

último/a dernier/ère
un, uno un
una une
unos/as des
unir unir
universidad université
urgente urgent, express
usar user, employer
usted vous
ustedes vous
útil, servicial utile, serviable
uvas raisins

■ V

vaca vache
vacaciones vacances
vaciar (se) (se) vider
vacío/a vide
vajilla vaisselle

valiente courageux/euse
valle vallée
valor valeur (fem.)
varios plusieurs
vaso verre
vehículo véhicule
vela bougie
— **de barco** voile
velero voilier, bateau à voiles
venado cerf
vencer vaincre
vender (se) (se) vendre
veneno poison
venir venir
venta anticipada vente anticipée,
  vente à l'avance
ventana fenêtre
ver voir
verdura légumes verts
vergüenza honte
versión
— **original** film en version originale
— **subtitulada** film sous-titré
vestíbulo vestibule
vestido robe (de mujer)
vestir(se) (s') habiller
vestuario garde-robe
vez fois
viajar voyager
vidrio verre
viejo/a vieux /vieille,
  vieillard/e
viejo, antiguo vieux/vieille,
  ancien/ne
vigilancia surveillance
vigilante surveillant
vinagre vinaigre
viola viole
violento/a violent/e

violín violon
violonchelo violoncelle
visitar visiter
viudo/a veuf/veuve
vivir vivre
vivo/a vif/vive, vivant/e
volar voler
volcán volcan
volver retourner, tourner
volver (se) (se) retourner
volverse hacia se tourner vers
vosotros/as vous
vuestro/a votre
vuestros/as vôtres
voz voix
vuelo vol

■ **W**
water water, toilettes

■ **Y**
y et
ya déjà
yate yacht
yegua jument
yema
— **de planta** bourgeon
— **de huevo** jaune
yo je

■ **Z**
zafiro saphir
zanahoria carotte
zapatillas de agua chaussures
  d'eau
zarzamora mûre
zona zone
zorro/a renard (masc.)

■ Notas ■

Notas

Notas

■ Notas ■

■ Notas ■

◾ Notas ◾

Notas

Notas

Notas

Notas